ALTE HEIMAT

Bernsteinküste

Genehmigte Lizenzausgabe für Verlagsgruppe Weltbild GmbH,
Steinerne Furt, 86167 Augsburg

Königsberg in 144 Bildern
Herausgeber: Martin Kakies

Danzig in 144 Bildern
Herausgeber: Hans B. Meyer

Stettin in 144 Bildern
Herausgeber: Georg Vollbrecht

Umschlaggestaltung: Atelier Seidel, Teising
Umschlagmotiv: akg-images, Berlin
Gesamtherstellung: Offizin Andersen Nexö Leipzig GmbH, Zwenkau
Printed in the EU

ISBN 978-3-8289-0836-9

2010 2009 2008 2007
Die letzte Jahreszahl gibt die aktuelle Lizenzausgabe an.

MARTIN KAKIES • HANS BERNHARD MEYER • GEORG VOLLBRECHT

ALTE HEIMAT
Bernsteinküste

Königsberg – Danzig – Stettin

Weltbild

KÖNIGSBERG, DANZIG UND STETTIN

von Ernst-Otto Luthardt

Ähnlich den Menschen haben auch Städte ihr Schicksal. Je älter, umso verschlungener. Es wechselten die Zeiten, das Aussehen, die staatliche Zugehörigkeit und sogar der Name. Königsberg, Danzig und Stettin heißen heute Kaliningrad, Gdańsk und Szczecin. Auch gehören sie nicht mehr zu Deutschland, sondern zur Russischen Föderation beziehungsweise zu Polen.

Während ihre Jahrhunderte lange Geschichte sowie die Erinnerungen an dort beheimatete bedeutende Persönlichkeiten unvergessen bleiben, ist der Verlust an materiellem Erbe katastrophal und durch nichts zu ersetzen. Von den vielen Händeln und Kriegen, denen es zu widerstehen galt, erwies sich der letzte, von den Nazis angezettelt, als der weitaus schlimmste. Neben den Menschen starben auch große Teile der Städte. Ihre Herzen, die historischen Zentren, bluteten fast aus. Doch damit war die Tragödie noch immer nicht zu Ende. Diejenigen, die dem Inferno entrinnen konnten, verloren ihre Heimat. Und Deutschland die Gebiete jenseits von Oder und Neiße.

Danach wurden Kaliningrad, Gdańsk und Szczecin ganz unterschiedliche Wege befohlen.

Am schlimmsten traf es die alte ostpreußische Hauptstadt, in der die Sowjets systematisch jede Erinnerung an die deutsche Vergangenheit auszulöschen suchten.

Im Gegensatz dazu lebt das alte Danzig in Gdańsk weiter. Der Wiederaufbau der alten Hansestadt zählt zu den Meisterleistungen der polnischen Restauratoren.

Stettin stand sich nach dem Aussterben der Pommernherzöge öfter selber im Wege. Wurde überholt. Erst in der zweiten Hälfte des 19. Jahrhunderts begann der zweite Aufstieg zur großen Hafen- und Industriemetropole. So herrschte in der Stadt schon vor der Zerstörung eher ein nützlich-praktischer Geist.

Die in diesem Buch versammelten historischen Fotos helfen der Erinnerung. Darüber hinaus sind sie auch für all jene, die nach Kaliningrad, Gdańsk oder Szczecin kommen und Königsberg, Danzig und Stettin nicht gekannt haben, anders, aber nicht weniger wichtig.

KÖNIGSBERG

Nachdem die westlich der Prussenveste Tuwangste errichtete erste, hölzerne Burg des Deutschen Ordens schon zwei Jahre später, 1257, durch eine steinerne ersetzt worden war, saß hier zunächst ein Komtur. Später verlegte dann der Ordensmarschall, der oberste Heerführer der Mönchsritter, seinen Sitz von der Marienburg nach Königsberg. Er ließ nicht nur für sich selber anbauen, sondern auch für einst verdiente und jetzt invalide Leute aus seiner Truppe. Die Burg wurde zum ritterlichen Altersheim. 1457 kam der erste Hochmeister hierher und machte Königsberg zur neuen Hauptstadt des Ordenslandes.

Als dieses nicht mehr zu retten war, gelang Albrecht von Brandenburg, dem letzten Hochmeister, ein höchst spektakulärer Deal. Seine politische und religiöse Kehrtwendung um 180 Grad bestand darin, dass er gewissermaßen über Nacht vom verlängerten Schwertarm des Papstes zum eifrigen Lutheraner mutierte. Daraufhin von seinen alten Kumpanen, dem Papst und dem Kaiser geschmäht und bedroht, stellte er sich flugs unter polnischen Schutz und schwor in Krakau seinem Onkel Sigismund I. den Lehnseid. Dadurch konnten er und seine noch verbliebenen Getreuen ihren Besitzstand nicht nur halten, sondern sogar noch ausbauen. Immerhin waren auch die Untertanen der Meinung, dass ihr Boss alles richtig gemacht hatte und bereiteten ihm bei seiner Rückkehr nach Königsberg am 9. April 1525 einen begeisterten Empfang.

Mit der Umwandlung in ein weltliches Herzogtum veränderte auch die Burg ihr Antlitz und wurde zum Schloss. Auf die Regierungszeit Herzog Albrechts gehen sowohl der Ost-, als auch der Südflügel zurück. Seine Kanzlei ließ er im westlichen Part des Nordflügels einrichten. Im Keller dieses Gebäudeteils befand sich übrigens die berühmte historische Weinstube »Blutgericht«.

Auch die Königsberger Universität ist ein Werk des ehemaligen Ordensmannes und nachmaligen ersten Herzogs. Ihre Gründung datiert vom Sommer 1544. Dazumal kamen auf 318 Studenten zehn ordentliche Professoren. 25 Jahre später ließ Albrechts Nachfolger das Neue Albertinum hinzubauen.

Von der Geburt Preußens bis zu dessen Mündigkeit war es allerdings noch ein langer und schwerer Weg. So dauerte es bis zum Jahre 1660, ehe der Große Kurfürst Friedrich Wilhelm von Brandenburg-Preußen von den Großmächten die volle Souveränität seines Landes bestätigt bekam. 1701 krönte sich Friedrich III., Kurfürst von Brandenburg, nicht in der neuen Residenzstadt Potsdam, sondern in Königsberg zum König in Preußen. 1808 schließlich geriet die ostpreußische Metropole erneut ins Rampenlicht preußischer Geschichte. Die königliche Regierung, die vor Napoleon nach Memel (Klaipeda) geflohen war, machte sie vor ihrer Rückkehr nach Berlin noch einmal für ein paar Monate zu Preußens Hauptstadt.

Danach spielte die preußische Politik an anderen Schwerpunkten. Immerhin wurde Königsberg 1853 durch die Ostbahn mit Berlin verbunden. Auch war Wilhelm I. der Weg nicht zu lang, um sich 1861 in der Stadt seiner Ahnen die Königskrone aufs Haupt setzen zu lassen.

Personalia

Ihren Höhepunkt erreichten Universität und geistiges Leben im 18., dem so genannten »Königsberger Jahrhundert«. Neben den Philosophen Kant, Hamann und Herder – der an der Universität studiert hatte – trugen auch die Literaten Theodor Gottlieb von Hippel, E. T. A. Hoffmann und Zacharias Werner wesentlich dazu bei, dass die Stadt zu einem der geistigen Zentren Europas wurde. Apropos von Hippel. Der soll seinen Freund Kant zu jenen »vortreffliche(n) Gelehrten« und »achtungswerte(n) Männern« gerechnet haben, die nicht fähig seien »ein Land, ein Dorf, ja nur einen Hühnerstall zu regieren«. Doch während Hippel, der als Polizeipräsident und Oberbürgermeister nicht nur zu den mächtigsten, sondern auch zu den reichsten Männern Königsbergs gehörte und gleich mehrere Bestseller geschrieben hat, nahezu vergessen ist, lebt Kants Werk bis heute fort.

Am 22. April 1724 als viertes Kind eines Sattlermeisters geboren, band er sich zeitlebens an seine Heimatstadt und kam nie über Ostpreußen hinaus. Der Tag begann für ihn pünktlich um Viertel vor Fünf und endete genau um Zehn. Nach seinen vormittäglichen Vorlesungen an der Königsberger Universität ging er – zumeist mit Freunden – ausgiebig zu Tisch, machte anschließend einen Spaziergang auf immer dem gleichen Weg und setzte sich danach an seinen Schreibtisch. Im Gegensatz zur Enge der heimatlichen Geografie wuchs in seinem Kopf das weite Universum. Allein aus seinem autonomen Verstand ließ er die Welt erstehen und lieferte zugleich die Gebrauchsanweisung für den Umgang mit ihr. »Handle so, daß die Maxime deines Willens zugleich als Prinzip eines allgemeinen Gesetzes gelten kann«, lautete sein »kategorischer Imperativ«. Seiner Genialität zahlte Kant freilich auch einen hohen Preis. In seiner Welt war für Frauen absolut kein Platz. Sie waren und blieben ihm in vielem ein Rätsel. Vor allem verursachten sie Erschütterungen, denen er sich nicht gewachsen fühlte. Während er sich als Philosoph mit der Überzeugung gerechtfertigt haben mag, dass »übersinnliche Gegenstände ... keine Gegenstände der Erkenntnis« sind, fiel dem Privatmann nichts anderes ein, als sich dahinter zu verstecken, dass sich die meisten unverheirateten alten Männer »länger ein jugendliches Aussehen erhalten als verehelichte«.

Zu der Bedeutung und Wirkung von Kants Werk passt auch, dass den Russen die Verehrung des Denkers wichtiger gewesen ist als dessen Nationalität. Während sie fast alles Deutsche in Königsberg auslöschten, blieb Kants Grabmal dieses Schicksal erspart.

Die verbotene Stadt

Jene 24 Salutschüsse, die am Morgen des 10. April 1945 die Moskauer aus dem Schlaf rissen, waren Königsbergs Requiem. Die Unterzeichnung der Kapitulationsurkunde tags zuvor durch General Lasch bedeutete für die rund 200 000 Menschen, die in der durch Bomben und Granaten zerschundenen Stadt überlebt hatten, zwar das Ende des Krieges, nicht aber der Leiden. Die begannen nun erst recht. Nachdem bereits in den ersten zwölf Monaten mehr als 80 000 Menschen verschwanden, ereilte die verbliebenen 100 000 am 14. Oktober 1947 der Befehl zur Vertreibung. Doch nur ein Viertel von ihnen kamen auch in Deutschland an.

Von nun an hatten die russischen Militärs das Sagen. Die »Kaliningradskaja Oblast« wurde zu einem hermetisch abgeriegelten riesigen militärischen Sperrgebiet.

Nachdem das verbotene Land 1991 zunächst für Bürger der ehemaligen Sowjetunion geöffnet wurde, dürfen seit 1992 auch Ausländer in die neue Freihandelszone »Jantar« – was auf Russisch »Bernstein« heißt – kommen.

Spurensuche

Mit den Worten »Es forderte zum Fackeltanze Dich … der grimme Tod …« beginnt Agnes Miegel im Jahre 1949 ihren poetischen Nekrolog auf Königsberg. Doch die Heimat der Dichterin war schon vorher gestorben. In zwei Augustnächten des Jahres 1944 wurde sie zunächst von englischen Bombern in Schutt und Asche gelegt und danach von den Russen dem Erdboden gleichgemacht. Nichts, aber auch gar nichts sollte in Kaliningrad an das deutsche Königsberg und seine Bewohner erinnern. So jagten sie 1969 auch noch die Ruinen jenes Schlosses in die Luft, mit dem acht Jahrhunderte zuvor die Geschichte dieser Stadt begonnen hatte.

Im Gegensatz zu Schloss und Universität, an die nur noch der Name erinnert, blieb dem Dom dieses Schicksal erspart. Die knapp 90 Meter lange und 30 Meter hohe dreischiffige Hallenkirche, auf deren Pläne der legendäre Hochmeister Winrich von Kniprode höchstpersönlich Einfluss genommen hat, wurde nach rund 50-jähriger Bauzeit 1382 vollendet, erlebte aber in den folgenden Jahrhunderten noch verschiedene Veränderungen. Nach den schweren Zerstörungen im Zweiten Weltkrieg konnten erst 1991 – mit massiver Unterstützung aus Deutschland – Sicherungs- und Wiederaufbauarbeiten eingeleitet werden, die inzwischen – zumindest was die Fassade betrifft – abgeschlossen sind.

Neben der Börse, die zum »Haus der Seeleute« wurde, dem Dohnaturm, der heute ein sehenswertes Bernsteinmuseum birgt, der Pfarrkirche zur Heiligen Familie, dem jetzigen Sitz der Philharmonie und dem Neuen Schauspielhaus, das nach wie vor bespielt wird, gehört auch der 1929 seiner Bestimmung übergebene ehemalige Süd- und heutige Hauptbahnhof zu jenen wenigen repräsentativen Gebäuden, die sich aus dem alten Königsberg in das neue Kaliningrad hinüber retten konnten. So dürfen sich all jene, die mit dem Zug hierher kommen, zumindest auf dem ersten Blick im trügerischen Glauben wähnen, dass alles beim Alten geblieben ist.

DANZIG

Die erste urkundliche Erwähnung der Stadt – als »urbs Gyddanzc« – findet sich in der Lebensbeschreibung des Hl. Adalbert, der hier im Jahre 997 etliche Heiden getauft hat. Zu Beginn des 11. Jahrhunderts zählte der Ort bereits 2000 Bewohner. In dieser Zeit soll auch die erste Burg erbaut worden sein. Ende des 12. Jahrhunderts machte dann ein Herzog namens Subisław von sich reden. Die Erhebung zur Stadt, um das Jahr 1260, geht auf Swantopolk von Pomerellen zurück. Er verlieh ihr nicht nur deutsches Recht, sondern verschaffte ihr auch deutsche Siedler, vor allem Kaufleute.

Nach dem Aussterben der Herzogslinie gerieten sich Brandenburg, Polen und diverse hiesige Fürsten wegen des Erbes in die Haare, so geschehen zu Beginn des 14. Jahrhunderts. Nun sah auch der Deutsche Orden, der schon lange ein Auge auf die reiche Stadt geworfen hatte, seine Stunde gekommen und bot sich als Schiedsrichter an. Doch die Mönchsritter dachten nicht im leisesten daran zu vermitteln, sondern sie wiegelten die verschiedenen Parteien noch mehr gegeneinander auf. Da solcherlei Strategie fast immer funktioniert, gelang es ihnen, sich selber ans Ruder zu bringen – und das für rund anderthalb Jahrhunderte.

Dann allerdings verloren sie Auge und Maß und schnürten den Bürgern das Korsett so eng, dass diese sich nicht nur seiner, sondern des gesamten Ordens entledigten. Nach der Vertreibung der Mönchsritter stellte sich die Stadt unter den Schutz der polnischen Könige, so geschehen 1454 und für genau 338 Jahre.

Die polnischen Monarchen wussten, was sie an ihren Danzigern hatten. Wohl wissend, dass diese im Geschäftemachen ziemlich unübertroffen waren, ließen sie sie weitgehend tun und lassen, was sie wollten – und zogen daraus selber kräftigen Profit. Da so beide Seiten voneinander ihre Vorteile hatten, hielt sich auch die Begeisterung der – vornehmlich aus Deutschen bestehenden – Einwohnerschaft in Grenzen, als ihre Stadt nach der zweiten Teilung Polens im Jahre 1793 an Preußen fiel.

Nachdem Danzig – laut Versailler Vertrag – im Jahre 1920 von Deutschland abgetrennt und zur »Freistadt« erklärt worden war, geriet es 19 Jahre später in den Fokus der Weltgeschichte: Der deutsche Schlachtkreuzer »Schleswig-Holstein« nahm das polnische Munitionsdepot auf der Westerplatte unter Beschuss – und das Zweiter Weltkrieg geheißene große Schlachten seinen Anfang.

Stadtperspektiven

Die Danziger machten nicht nur viel Geld, sondern sie zeigten es auch. Am deutlichsten in der 1343 gegründeten Rechtstadt mit der Langen Gasse und dem Langen Markt, wo – eng an eng und ein Haus schöner als das andere – Gotik, Renaissance und Barock Spalier stehen. Bei solch aufwändiger Selbstdarstellung versteht es sich von selbst, dass auch an den »Türen« nicht gespart wurde: Sowohl Hohes und Goldenes Tor im Westen, als auch das Grüne Tor gen Mottlau-Fluss, also im Osten, sind vom Allerfeinsten.

Was das Mobiliar von Danzigs »Guter Stube« betrifft, zählt das alte Rathaus zum Wertvollsten. Und der benachbarte Artushof, der ursprünglich den reichen Patriziern als Versammlungsort gedient hat, steht ihm kaum nach.

Während die meisten der nach dem Krieg wiedererstandenen Häuser nur mit ihrer Fassade das Original zitieren, hat das Uphagen-Haus auch sein spätbarockes Innenleben zurückerhalten. Die Ausstattung war rechtzeitig in Sicherheit gebracht und dadurch vor der Zerstörung bewahrt worden.

Von hier ist es nur noch ein Katzensprung zur Marienkirche. Der größte Sakralbau der Backsteingotik entstand zwischen 1342 und 1502. Er ist 105 Meter lang und 68 Meter breit. Ebenso dem Superlativ verpflichtet sind das berühmte Krantor, das – wie der Name sagt – nicht nur der Verteidigung gedient hat, sondern auch dem Heben von bis zu vier Tonnen schweren Lasten, und die aus dem 14. und 15. Jahrhundert stammende Große Mühle des Deutschen Ordens. Die wohl größte Produktionsstätte, die es in der damaligen Zeit gab, wurde von 18 (!) Wasserrädern angetrieben.

Der Preis der Freiheit

Das beeindruckendste Denkmal aus neuerer Zeit steht vor der ehemaligen Lenin-Werft. Die drei riesigen stählernen Kreuze, die durch ebenso monumentale Anker miteinander verbunden sind, erinnern an die blutige Niederschlagung der Streikbewegung im Jahre 1980, bei der etliche Menschen den Tod gefunden haben.

Danach blieb den Regierenden nichts anderes übrig, als sich im »Danziger Abkommen« mit den Arbeitern zu arrangieren. Wichtigster Bestandteil der am 31. August in der Lenin-Werft unterzeichneten Vereinbarung war das Recht zur Gründung einer unabhängigen Gewerkschaft. Doch die »Solidarność« unter ihrem charismatischen Führer Lech Wałesa gab sich damit nicht zufrieden. Sie wollte und erreichte noch viel mehr. Und auch in den benachbarten Staaten begannen die oppositionellen Kräfte an sich selber zu glauben – was letztendlich zum Zusammenbruch des Ostblocks und dessen Bewohner in die Freiheit führte.

Doch – wie so oft – fraß auch in diesem Falle die Revolution ihre Kinder. So zeigten diejenigen, die einst so mutig den Herrschenden die Stirn geboten hatten, nachdem sie die Stufen der Macht erklommen hatten, selber Schwächen. Auch Wałesa blieb von Beschädigung nicht ausgenommen.

Kein Wunder, dass die Wege vieler Kampfgefährten von einst auseinander gingen. Vorläufiger spektakulärer Höhepunkt dieser Entwicklung waren die Ereignisse um den legendären Pfarrer Henryk Jankowski, der die Sankt Brigittenkirche politisch Verfolgten geöffnet und zur Schutzburg der »Solidarność« gemacht hatte. Als Wałesas einstiger Intimfreund neue Feinde auszumachen begann und seine Warnungen vor den Gefahren, die der Identität seines Landes und dem Glauben der Menschen von einem vereinten Europa beziehungsweise den amerikanischen Vorstellungen und Praktiken menschlichen Zusammenlebens drohten, immer lauter wurden, er jedoch alle an ihn gerichteten Warnungen überhörte, wurde er praktisch über Nacht aus dem Verkehr gezogen.

Geschichten ums Wasser

Entgegen dem weitverbreiteten Klischee, dass Oskar Matzerath nichts anderes im Kopf gehabt habe, als das Fell seiner Trommel zu traktieren, besaß dieser auch andere Interessen. Zum Beispiel baden. Besonders angetan hatte es ihm der Strand von Brösen (Brzeêno), den man damals wie heute mit der Straßenbahn Nr. 13 erreichen kann.

Die Spuren, die Günter Grass in seinem Roman »Die Blechtrommel« gelegt hat, führen freilich nicht nur zum beziehungsweise ins Wasser, sondern finden sich in der ganzen Stadt. Der Höhepunkt einer solchen Litera-T(o)ur dürfte die Begegnung mit dem kleinwüchsigen Trommler höchstpersönlich sein. Sitzt der doch, in Bronze, seit einigen Jahren auf einer Bank auf dem Józef-Wybicki-Platz und wartet offenbar nur darauf, wieder mit der Trommelei zu beginnen.

Im Gegensatz zu ihm schenkte ein anderer berühmter Danziger weniger irdischen Ab- und Irrläufen, sondern dem Mond seine Aufmerksamkeit. Johannes Hevelius (1611 – 1687) baute das größte Fernrohr seiner Zeit und holte sich damit den Erdtrabanten ganz nahe heran. So konnte er die ersten halbwegs aussagekräftigen Mondkarten zeichnen. Außerdem gelang es ihm, mehrere Kometen zu entdecken und die genaue Position von fast 1000 Sternen zu bestimmen.

Da er jedoch nicht nur in den Himmel geguckt, sondern sich auch als erfolgreicher Brauer betätigt hat, ist es eine gute Idee, seinen Namen in einer bekannten Danziger Biermarke fortleben zu lassen.

Womit wir – endlich – wieder beim Wasser angelangt wären. Und zwar solchem, dem Hopfen und Malz beigegeben sind. Diejenigen, die jetzt vielleicht verächtlich die Nase rümpfen, seien darauf verwiesen, dass auch Oskar Matzeraths Badewasser in der Danziger Bucht heute anders sein dürfte als dazumal. Obwohl etwas getan wird, reichen die Kläranlagen weder hinten noch vorne.

Fest steht: Sowohl das Wasser in der Ostsee als auch das im Bier stehen eindeutig im Schatten des Danziger »Goldwassers«. Der berühmte Likör hält nämlich, was sein Name verspricht. Er beinhaltet nicht nur verschiedene geheime Kräuteressenzen, sondern auch etliche hauchdünne Goldplättchen. Nach Auffassung der Alchemisten sollten letztere nicht nur Gebrechen heilen, sondern auch geheime Kräfte verleihen. Kreiert wurde das »Goldwasser« schon vor rund 400 Jahren. Und zwar in der Brennerei »Zum Lachs«, die als nobles Restaurant weiterlebt.

STETTIN

1124 überredete der Bamberger Bischof Otto den pommerschen Herzog Wratislaw I. von Stettin, sich und seine Familie taufen zu lassen. Das brachte auch für dessen Söhne den Vorteil, dass sie deutsche Herzöge wurden, für die 24 Nebenfrauen jedoch die Entlassung. Doch die alten Götter, voran der dreigesichtige Triglav, dessen Heiligtum Otto hatte zerstören lassen, wollten nicht klein bei- und ihre Anhänger nicht kampflos abgeben. So blieb dem frommen Mann nichts anderes übrig, als sich noch einmal auf die beschwerliche Reise nach Pommern zu machen und die Sache zu Ende zu bringen.

Auch nach der Christianisierung verlief nicht alles nach Plan und manches durcheinander. So mussten die pommerschen Herzöge die polnische Lehnshoheit anerkennen, während andererseits die Polen deutsche Lehnsherren zu akzeptieren hatten. Das änderte sich erst 1181, als Friedrich I. Barbarossa Herzog Bogisław I. direkt belehnte und Pommern dadurch dem Heiligen Römischen Reich eingegliedert wurde.

Frauenexport

Im Unterschied zu den Fürsten, die nicht gerade die Welt bewegt haben, schrieben zwei Frauen aus Stettin große Geschichte. Vor allem jene am 21. April 1729 in der Großen Domstraße geborene Prinzessin Sophie Auguste Friedericke von Anhalt-Zerbst, die mit fünfzehn die Gattin des russischen Thronfolgers wurde und mit 32 ein Weltreich regierte. In ihrem späteren Rückblick liest sich das so: »Katharina die Zweite … kam 1744 nach Russland, um Peter III. zu heiraten. Mit vierzehn Jahren faßte sie den dreifachen Vorsatz, ihrem Gatten, Elisabeth (dessen Mutter) und dem russischen Volk zu gefallen. Sie hat nichts unterlassen, um dies zu erreichen …«

Zumindest was ihren Mann betraf, stimmte die Sache so nicht ganz. Besaß er doch, als Zar, gerade einmal sechs Monate Zeit, um sich an ihr zu erfreuen. Denn Katharina hatte inzwischen einen vierten Vorsatz gefasst, nämlich so schnell wie möglich Witwe zu werden und selber den Thron zu besteigen.

1776 war es ihr Sohn Paul, der sich ebenfalls eine Stettinerin, nämlich Sophie Dorothee von Württemberg, zur Frau nahm. Während der junge Mann in den Augen seiner Mutter fast gar nichts galt, hielt sie von seiner Gattin, die seit der Heirat den Namen Maria Feodorowna trug, umso mehr. Sie gestand in einem Brief, dass sie »leidenschaftlich für diese bezaubernde Prinzessin eingenommen« sei, »leidenschaftlich im vollen Sinne des Wortes«. Denn: »Sie ist gerade so, wie wir sie gewünscht: schlank wie eine Nymphe, von weißer Gesichtsfarbe wie eine Lilie, mit dem Inkarnat einer Rose; von hohem Wuchs mit entsprechender Fülle und einer großen Leichtigkeit im Gang. Milde, Herzensgüte und Aufrichtigkeit sprechen aus ihrem Angesicht. Alle sind von ihr entzückt, und wer sie nicht liebt, ist im Unrecht, denn sie ist dazu geschaffen und tut alles, um geliebt zu werden.«

Tor zur Ostsee

Stettin-Bredow im Jahre 1851: Der Ingenieur Fürchtenicht machte seinem Namen alle Ehre, als er zusammen mit seinem Partner die berühmte Vulkanwerft gründete und erstmals in Deutschland Schiffe mit eisernen Rümpfen baute. Denn das, was uns heute so selbstverständlich ist, galt damals noch als gefährliches Experiment. »Holz schwimmt woll, Eisen versinkt«, erinnerte sich der Stettiner Carl Ludwig Schleich, der sich sowohl als Mediziner – er erfand die Lokalanästhesie – wie auch als Musiker, Maler und vor allem als vielgelesener Schriftsteller höchste Meriten verdient hat, der Argumentation seines Onkels.

Allen Unkenrufen zum Trotz waren es dann gerade diese neuen großen Schiffe, die Stettin neue Horizonte eröffneten. Dabei kam der aufstrebenden Industrie- und Hafenstadt ihre besondere Lage zugute. In der Tat hätten jene slawischen Fischer und Handwerker, die sich in der Völkerwanderungszeit hier sesshaft gemacht hatten, weit und breit keinen besseren Platz für ihre Siedlung aussuchen können: Nicht direkt am offenen Meer gelegen, aber durch die Oder mit ihm verbunden. Mit einem Fuß auf dem Binnenland stehend, mit dem anderen im Wasser.

Zu Beginn des Industriezeitalters erwachte die »Mutter der Städte im Pommernland« aus ihrem Dornröschenschlaf. Die lange vernachlässigte Provinzstadt wuchs zur flächenmäßig drittgrößten deutschen Kommune. Nach dem Ausbau des Großschifffahrtsweges Berlin – Stettin im Jahre 1914 wurde auch der Hafen schrittweise erweitert, so dass er schließlich mit insgesamt sieben Becken und ca. 25 Kilometern Kailänge Hamburg und Bremen Konkurrenz machte.

Stadtspaziergang

Vorzeigestück der seit alters innigen Beziehung zwischen Fluss und Stadt ist die Hakenterrasse. Nach dem Abbruch des Forts Leopold wurde der gewonnene Platz zu einem 500 Meter langen und 20 Meter hoch aufsteigenden Grünstreifen gestaltet, der – mit Treppen, Rampen, Pavillons, einem Brunnen und einer Herkulesstatue – seit 1907 Wasser und Land verbindet und auf seiner Krone eine Reihe repräsentativer Gebäude trägt. Darunter das Städtische Museum von 1913 (heute Landesmuseum) und das 1911 seiner Bestimmung übergebene Regierungsgebäude im Stil der Neorenaissance (heute Sitz der Wojewodschaftsbehörde).

Nach dem Untergang des alten Stettin in den Flammen des Zweiten Weltkrieges haben polnische Restauratoren wenigstens Teile davon wiedererstehen lassen. Dazu gehört das einstige Residenzschloss der pommerschen Herzöge. Der vielgliedrige Bau erfuhr seit dem 14. Jahrhundert ein ständiges Auf und Ab an Erweiterungen, Zerstörungen, Veränderungen. Sein heutiges Aussehen geht auf jenes Bild zurück, das Matthäus Merian Mitte des 17. Jahrhunderts in Kupfer gestochen hat. Die kunstvolle Uhr am Turm des so genannten Bogisław-Baues ist eines der Wahrzeichen der Stadt. Sie zeigt seit 1694 den Stettinern an, was die Stunde geschlagen hat.

Vom ersten Rathaus aus dem 14. Jahrhundert blieb nur der Keller mit einem prächtigen Sterngewölbe erhalten. Das zweite errichtete Hinrich Brunsberg, Begründer des »Malerischen Stils« in Brandenburg und Pommern, zu Beginn des nachfolgenden Jahrhunderts. Wie schon beim Schloss entschieden sich die polnischen Denkmalspfleger auch hier, dem Gebäude nicht das Aussehen vor der Zerstörung, sondern sein ursprüngliches Gesicht – in diesem Falle ein gotisches – wiederzugeben.

Ein ähnlich bewegtes Schicksal hat auch das besterhaltene Beispiel Stettiner Patrizierarchitektur, der Loitzenhof. Der Name geht auf die ersten Besitzer zurück, die unter anderem Hausbankiers der polnischen Könige waren und vom letzten Jagiellonen, Zygmunt II., mit in den Ruin gerissen wurden.

Von den Stettiner Gotteshäusern sind die Johanneskirche und die Kirche St. Peter und Paul besonders beeindruckend. Imposanter ist freilich der Dom St. Jakob. An seiner Orgel – die im Zweiten Weltkrieg vernichtet wurde – saß über vier Jahrzehnte lang Carl Loewe, der Schöpfer des romantischen Balladen-Kunstliedes.

MARTIN KAKIES

ALTE HEIMAT
Königsberg

Das LUFTBILD (gegenüber der Titelseite), noch vor der Erbauung des neuen Reichsbankgebäudes aufgenommen, gibt einen guten Überblick über das Schloss und seine nächste Umgebung. Wir erblicken links vom Schlossturm einen Teil des Kaiser-Wilhelm-Platzes, oben die scharfe Biegung zum Steindamm, die Hauptpost, den Gesekusplatz und dann die Schlossstraße, den Münzplatz, den Eingang zur Französischen Straße und die alte Kürassier-Kaserne. In der Mitte aber liegt, wuchtig und vielgestaltig und in seinen einzelnen Teilen gut zu erkennen, daß Schloss.

Laßt uns einmal heimfahren zu unserer alten Stadt, als wäre sie noch am Leben, als wäre der Weg zu ihr frei und als sähen wir von fern schon ihre steilen Türme in den Himmel steigen; als fänden wir sie wieder, unverloren und unversehrt, und alles wäre wie einst ...

Um die elfte Vormittagsstunde erhebt sich auf der Höhe des Schloßturmes der Bläserchoral, sein Klang sinkt in die Schächte der Straßen, mitten hinein in das tiefgeschäftige Leben und zieht über Dächer und Mauern und Wasser davon.

Das Wasser und der Wind sind immer auf dem Wege, sie tragen jeden Augenblick erneut den Atem der Landschaft hinein, aus der Königsberg, 1255 gegründet, durch sieben Jahrhunderte seine Kraft und den Sinn seines Daseins bezog.

Und doch liegt der Schloßteich, als wäre er von je gewesen, wie ein ruhiger Spiegel im Herzen der Stadt. Da der Deutsche Orden sein festes Haus baute, floß noch ein rascher Bach von Norden her zu Tal, ein gutes Wasser, um die Burgmühle zu treiben, das man darum einfing und in die Breite staute. Seitdem rinnt nur noch unterirdisch wie ein sagenhafter Quell die Katzbach unter der Konditorei Zappa hindurch und den Mühlenberg hinunter bis in den Pregel. Es ist eine von den alten Geschichten. Es gibt viele alte Geschichten um das Schloß und den Schloßteich, es lohnt sich, in dieser Nachbarschaft aufgewachsen zu sein und darin zu leben, — unter den mächtigen steinernen Mauern mit dem Gewicht und den Zeugnissen ihrer Geschichte und so nahe am Wasser, das immer wie ein Tor ins Freie ist. Denn Mauern sind von der Erde, und Wasser ist vom Himmel.

Das Schloß und der Schloßteich zogen uns groß, vergeßt es nicht! Die gewaltige Silhouette, unverrückbar wie auf Ewigkeit vor dem Hintergrund jedes Tages. Der feierliche Ernst der Kirche, in die das Licht durch die Scheiben auf die Wappen alter Geschlechter fällt. In all den hohen Räumen, in den Kellertiefen der Gewölbe die geheimnisvoll verdämmernde Vergangenheit.

Und draußen — im Sommer — die schattigen Gärten am Teich und sonnige Uferwege, von Blumen gesäumt, die erhöhte Terrasse des Cafes Schweriner verheißungsvoll unter den Bäumen; Schularbeiten im Börsengarten und dann und wann ein Stück Torte; die Schwäne auf dem Wasser und immer die Boote, große und kleine, an den Flößen und auf Fahrt, Studenten mit Mütze und Band; heimliches Glück einer verbotenen Kahnpartie am Abend bei sanft schwingenden Lampions, wenn die Militärmusik herüberklingt.

Im Winter der Machtbereich des Clubs der Schlittschuhläufer, Inbegriff und Erfüllung. Auf raschen, klingenden Eisen unermüdlich hin und her und in die Runde bis in die einfallende Dunkelheit. Dann flammen die Lichter auf, und das Erlebnis aus Bewegung und Lust wird unversehens zum Abenteuer. Ein heißer Wunsch zum Himmel um langanhaltenden Frost!

Und zu jeder Zeit, immer und immer, mit zehn Jahren, mit zwanzig und bis ins Alter hinein ungezählte Schritte über die alte hölzerne Brücke. Die Schloßteichbrücke ist Steg des heimatlichen Lebens und der Weg der Generationen,

— immer ist da das Wasser, und immer steht da das Schloß, und das Herz spürt vor dem ruhevollen Bild in der Geschlossenheit doch die Weite und Vielfalt der Welt. Die altvaterischen Kastanien auf Königsgarten, unter denen es sich zum Promenadenkonzert am Sonntag so behaglich lustwandeln ließ, haben fallen müssen, als die neue Zeit anfing. Eine neue Zeit, eine neue Weite des Lebens und darum ein freier, großer Raum, an dessen Rand die Häuser des Geistes weithin sichtbar stehen. Die schlichte Fassade des Stadttheaters: auf seinen Brettern sang Lilly Lehmann die Leonore, spielten Adalbert Matkowsky den Hamlet und Paul Wegener den Holofernes. Das neue, große Haus der Albertina, das den Namen des herzoglichen Stifters als Symbol und den Kants als Verpflichtung von dem Altbau auf der Dominsel mit hinübernahm. Kant selber in Erz mit deutend erhobener Hand.

Das Leben stieg im Wandel der Zeit, und doch blieb im Grunde alles, wie es war. Das Roß des Reiterstandbildes Friedrich Wilhelms III. begeisterte einst den Knaben Lovis Corinth. Auf dem viereckigen Platz, zwischen Rasen und Blumen, sitzen auf den Bänken in der Sonne die alten Männer mit der Pfeife und die jungen Mütter mit den Kinderwagen. Das Cafe Bauer hat seine hohen Fenster bis zur Erde herunter, im Sommer kann man durch sie eintreten. Es hat seine Tradition und seine Geschichte, es erlebte unzählige Frühschoppen und viele Zechernächte bis in den Morgen.

Der schöne Bogen des Paradeplatzes ist der Wandelweg der Kinder der Welt. Er beginnt bei der Großen Schloßteichstraße und wendet von der Altstädtischen Kirche in die Junkerstraße ein, führt bis zum Schloßplatz und wieder zurück und vielleicht noch ein zweites Mal; es ist der Weg der Begegnungen und der schweifenden Träume. Er nimmt niemals ein Ende und ist durch alle Zeit jung geblieben.

Eine andere Luft weht dort unten im Urgrund der Stadt, wo die Straßen sich vielfach schneiden und der Fluß der Fahrzeuge und Fußgänger rascher strömt. Unterhalb der Südmauer des Schlosses, an der Stelle des Bismarckdenkmals, stand einst die Altstädtische Kirche; hier waren Beginn und Mitte des städtischen Lebens; hier waren von je Knotenpunkt und Kreuzung, Durchgang des Hauptverkehrs und Zone der Geschäftswelt. Der Altstädtische Kirchenplatz wurde Kaiser-Wilhelm-Platz, und immer stärker branden hier die Wellen. Die Pferdebahn, die unten ein drittes Zugpferd in Vorspann nehmen mußte, um den langen und steilen Berg bis zum Steindamm zu zwingen, wich der elektrischen Straßenbahn, die mit Wagen hinter Wagen in dichter Folge die Hauptstränge der Stadt beschickt.

Doch Lärm und Wirbel, das unablässige Hin und Her sind nur das äußere Wesen, hinter dem das lebendige Herz des alten Stadtgrundes schlägt. Der Pregel ist eine Schlagader, die den Organismus durchdringt und nährt. Er bot siebenhundert Jahre zuvor auf der Höhe seines Nordufers die Stätte für den festen Wehrbau des Ordens, an den Ufern seines Doppellaufes entstanden die ersten Niederlassungen. Es siedelten der Fischer, der Kahnschiffer, der Jäger, der Handwerksübende und der Krämer. Altstadt und Löbenicht im Schatten der Burg, Kneiphof auf der von Wasserarmen umschlungenen Insel, einst durch Wälle und Tore geschieden, zuzeiten in blutiger Fehde miteinander, sind Wege des Handwerks und des Handels und immer ihre Heimstatt gewesen. Dort erwuchsen die Gilden — Bäcker, Fleischer, Tuchmacher, Brauer — und ein ehrbarer, in die Weite reichender Kaufmannsstand.

Die Straßen sind alt und vielfach eng und verwinkelt; auf dem Platz in ihrer Mitte steht in Inselstille wie von Urzeiten her unser Dom; das Leben der Märkte quillt durch schmale, bogige Zugänge. Überall ist der Pregel.

»In unserer Stadt im Norden stehn sieben Brücken, grau und greis.« An jeder von ihnen hängen viele Jahre des eigenen Lebens, von jeder umfaßt der Blick ein anderes vertrautes Bild: die alte Universität hart überm Fluß, die Kirchtürme hoch überm Häuserwall; die Lastadie mit der langen Reihe der Speicher am Hundegatt; den Töpfermarkt und die Fischbrücke mit zünftigem Gewimmel und Geschrei ...

Und immer kommt der Pregel geflossen, er kommt aus dem fernen Wiesenland nahe der Grenze her, wo die Heimat unserer Pferde ist, er trägt auf den Flößen, in den Laderäumen der breitbauchigen Kähne alle Güter des Hinterlandes heran. Die einen legen an und bleiben liegen, die andern ziehen hinaus. Wenn die Brücke hochgeht, ein Schiff durchzulassen, hat die Straße ihr Recht verloren. Sie kann nur anhalten und zusehen. In der Luft hängt der Geruch von Wasser und von Fischen, von Teer und Holz, von Rauch und Staub, von Heimat und Fremde.

Ein wenig Geduld, es ist ein guter Platz auf der Grünen Brücke, an der als Wahrzeichen der Handelsstadt die Börse steht. Hier fängt der eigentliche Hafenraum an. Bis zur Grünen Brücke, wo schon die Möwen fliegen, kommen noch Schiffe, auch unter fremder Flagge, weither über die See, sie löschen und laden am Bollwerk vor den großen Lagerhäusern. Der Pregel wird mit sich selber wieder eins und schickt sich an, aus der Stadt davonzuziehen; er nimmt im breiteren Bett seinen ruhigen Lauf nach Westen, vorbei an Fabriken und Stapelplätzen, an Walzmühle und Silo, an Kränen und ankernden Fahrzeugen, an sumpfig-blinkendem, gräbendurchzogenem Wiesenland. Mit rauschender Kielwelle ziehen Schiffe stromauf und stromab, Ruderer legen sich in ihren schnellen schmalen Booten in die Riemen, und Segeljachten treiben wie weiße Vögel vor dem Wind nach draußen, wo hinter Krug und Gut Holstein mit dem Frischen Haff die Weite anfängt.

Auch die Straßen streben aus dem inneren Kreis der Stadt ihrem Rande zu, sie durchmessen wie Strahlen die Oberstadt und die Unterstadt, den reservierten Tragheim mit Verwaltungszentren und gediegenen Wohnstätten, den Roßgarten mit der Stadthalle, dem hohen Haus der Musik, und den alten Sitzen des ostpreußischen Adels; den volkreichen Sackheim, den Haberberg mit dem Gewimmel seiner Kinder in Sandgasse und Schafgasse, im Schweizergrund und im Flinsenwinkel. Der Haberberg war einst die Vorratskammer des Kneiphofs; die Vorstadt barg die Kontore vieler Geschäftshäuser; die Laak war ein Wasserarm und der Tragheim ein Dorf; auf dem Roßgarten weideten die Pferde des Ordens; die Königstraße war die »Neue Sorge«.

Es ist noch nicht lange her, ein paar Jahrzehnte erst, da trafen die Hauptstraßen am Ende auf den Ring der Mauer und zwängten sich mühsam durch die Tore. Wir haben es nicht vergessen, aber die Jungen und Jüngeren wissen nichts mehr davon. Damals war Königsberg eine Festung, an Wall und Graben war die Stadt zu Ende. An ihrem Rande standen die Kasernen; die Exerzierplätze, in freier Sicht gelegen, boten ein Schauspiel, das zugleich erregend und belustigend war. Die große Garnison schoß ihre bunten Farben und ihren dröhnenden, klirrenden Ton in das Bild der Stadt. Die Tore, vor langen Zeiten noch bewacht, verschlossen und verwahrt, gaben nach allen Richtungen Durchlaß in die ländliche Umgebung. Zum Tor hinaus, das war ein großer Spaziergang, fast ein Ausflug und jedenfalls ein Erlebnis. Denn draußen lagen verlockend die Gelände der Lust, je nach Neigung und Geschmack auszuwählen.

Das Steindammer Tor hatte seinen besonderen, hallenden Ton. Dort hindurch ging es zum Tiergarten, zum stillen Park der Königin Luise, nach Juditten mit seiner alten Wallfahrtskirche. Und in der Ferne waren immer die See und alles Glück des Sommers. Auf dem Rennplatz Carolinenhof das grüne Feld der Pferde und der großen Welt, auf dem Radauplatz vorm Friedländer Tor der tobende, quietschende Rummel; und an allen Straßen draußen jene teils biederen, teils sturmbewegten Stätten, Etablissements genannt. Ihre Namen sind unvergessen: Julchenthal, Luisenhöh, Südpark, Schönbusch; vorm Königstor hinter der stillen Flucht der Kirchhöhe, besonders beliebt beim Militär: Cafe Sprind und Sprechan.

Als die alte Zeit neu wurde, gab es die erste Bresche im Wall, und nach und nach rollte die ganze Mauer. Die Stadt wurde frei und streckte sich ins Land.

Wir sind schon die Generation der Großstadt mit dem neuen, weiträumigen Bahnhof im Süden und dem Flughafen im Osten, mit den ausgedehnten gartenreichen Bezirken, in denen auch die großzügig angelegte Kunstakademie, die neuen Kliniken und Behörden stehen.

Die Atemluft ist unbegrenzt, und die See ist vor der Tür, jederzeit erreichbar.

Das Dasein hat seine Behäbigkeit eingebüßt und dafür seine Freiheit gewonnen. Es ist in Fahrt gekommen, alle Wege in die Welt sind offen.

Dennoch, in Bedrohung und Untergang und nun wir so weit gewandert sind, im ewig uferlosen Raum der Fremde, bleibt uns unsere Stadt immerdar das Kernstück des Lebens.

Stadt der Geschichte und des Schicksals auf ausgebautem Brückenkopf im Grenzland des Ostens, von Rittern errichtet und durch seine Zeit von Kriegen umbrandet, von Feinden besetzt und wieder befreit, von Bränden und Seuchen verheert und wieder erstanden, immer sich ihrer Ehre bewußt und auf ihre Stärke vertrauend.

Stadt des Geistes auf entlegenem Posten, Stätte der Wissenschaft, Heimstatt der Kunst, Wiege und Heimat manches großen Namens.

Stadt der warmherzigen, klaren ostpreußischen Menschen, Stadt des Humors, der Gastlichkeit und der Treue.

Laßt uns ihr auch die Treue halten!

Es ist Glück und Stolz, ihr Kind zu sein, ein Glied ihres organischen Lebens; in ihr verwurzelt und mit ihr verwachsen, durch sie geformt und ihr dienstbar, teilhabend an ihrer rastlos bewegten, durch viele Kräfte getragenen und von mancherlei Strömen durchpulsten Welt.

Laßt uns daran denken, wenn wir auf der Brücke des Westens stehen im Abendlicht. Wir sind einmal noch heimgekommen zu unserer Stadt auf den Straßen des Herzens. Von der Höhe des Schloßturmes, unvergessen, blasen sie am Abend um die neunte Stunde: »Nun ruhen alle Wälder ...«

Gertrud Papendick

Herzstück der Stadt

Der Atem einer großen Geschichte, die niemals ausgelöscht werden kann, spiegelt sich in diesem Bild. Das Tor zum Hof des Schlosses, die starken ungefügten Mauern, sie sind von Geheimnissen umwittert. In der Burg versammelten sich Fürsten und Ritter aus vielen europäischen Ländern, um an den Kriegsfahrten des Ordens teilzunehmen. Der weite Schlosshof war Schauplatz ritterlicher Turniere und farbenprächtiger Krönungszüge, das Schloss sah aber auch feindliche Besetzung und bittere Notstände.

Ein riesiger Wächter, ein zu Stein gewordener Wille, sich zu behaupten, so lagert das Schloss über der Stadt. Als seine Mauern längst nicht mehr Schutz vor Kanonen boten, bargen sie Zeugnisse der großen Vergangenheit des Landes, Sammlungen der Kunst und wertvolle Bibliotheken. Auch das Pferdegetrappel der Brautkutschen gehört zu seinem Bild.

»Unser Schloss«, so nannten die Menschen der Stadt dieses vielgestaltige Bauwerk. Es war umbrandet vom lebendigen Treiben des Alltags, es war der Mittelpunkt des Stadtgefüges, es war das Herzstück der Stadt.

DER SCHLOSSTURM schwingt sich hoch über Burganlage und Stadt (oben). Durch die Jahrhunderte erhalten hatte sich (rechts im Vordergrund) der wuchtige achteckige Haberturm.
VOM ALBRECHTSTOR geht der Blick über die Hauptwache zum Friedrichsbau (Bild unten).

Der NORDFLÜGEL (oben, links im Bild) war der älteste Teil des Schlosses. – VOM OSTFLÜGEL geht (Bild unten) der Blick über den Schlosshof nach der Schlosskirche in der Westseite und der Turniergalerie des Nordflügels, unter der man den Eingang zum weltbekannten Blutgericht sieht.

DIE SCHLOSSKIRCHE, in der sich am 18. Januar 1701 Friedrich I. die preußische Königskrone auf das Haupt setzte. An den Wänden hängen die Wappen der Träger des Schwarzen Adlerordens.

DER MOSKOWITERSAAL (Bild unten), dreiundachtzig Meter lang und achtzehn Meter breit, lag über der Schlosskirche. Seinen Namen erhielt er nach dem Empfang einer russischen Gesandtschaft.

DER THRONSAAL (oben), in dem die Bildnisse der preußischen Könige hängen. In den Teppich vor dem Thronhimmel sind Darstellungen der berühmten ostpreußischen Pferdezucht eingewebt.

DIE KAMMER DES SCHWARZEN ADLERORDENS (unten) zeigt einen Relieffries mit Kette und Stern des Schwarzen Adlerordens. Die Wände bedeckte eine sehr reich ornamentierte Ledertapete.

SIEBEN SCHWERE STREBEPFEILER gliedern die Außenseite des Westflügels, dessen Hauptgeschoss die um 1592 vollendete Schlosskirche einnimmt.

DIE SCHLOSSTERRASSE AM SÜDFLÜGEL (Bild unten) in der Sicht vom Altstädtischen Markt mit dem Standbild König Friedrich Wilhelms I.

DER KAISER-WILHELM-PLATZ zu Füßen des Schlosses mit dem Denkmal des alten Kaisers, einer der lebhaftesten Verkehrspunkte der Stadt.

MÄCHTIGE KELLERGEWÖLBE des Schlosses bargen das Blutgericht mit seinen Prunkfässern, – die von vielen besuchte Stätte des guten Weines.

Der Dom

Ungefüg und schwer und doch in edlem gotischem Gleichmaß wuchtet der Bau des Domes. Im Jahre 1325 als Wehranlage begonnen und Ende des vierzehnten Jahrhunderts als dreischiffige Hallenkirche eingewölbt, lag er auf dem Grund der Insel zwischen den beiden Pregelarmen.

DIE SCHAUSEITE DES DOMES
gibt das ganzseitige Bild (links) wieder. Hochmeister Luther von Braunschweig, der die oberherrliche Erlaubnis zum Bau des Domes erteilte, aber jede Wehranlage verboten hatte, wurde im Dom begraben; das Bild unten rechts zeigt das holzgeschnitzte Grabdenkmal. – An der Nordostecke des Domes steht die von schlanken Porphyrsäulen umgebene Grabstätte Immanuel Kants; sie wurde 1924 zur Feier der 200. Wiederkehr des Geburtstages dieses größten Sohnes der Stadt Königsberg erbaut (oben).

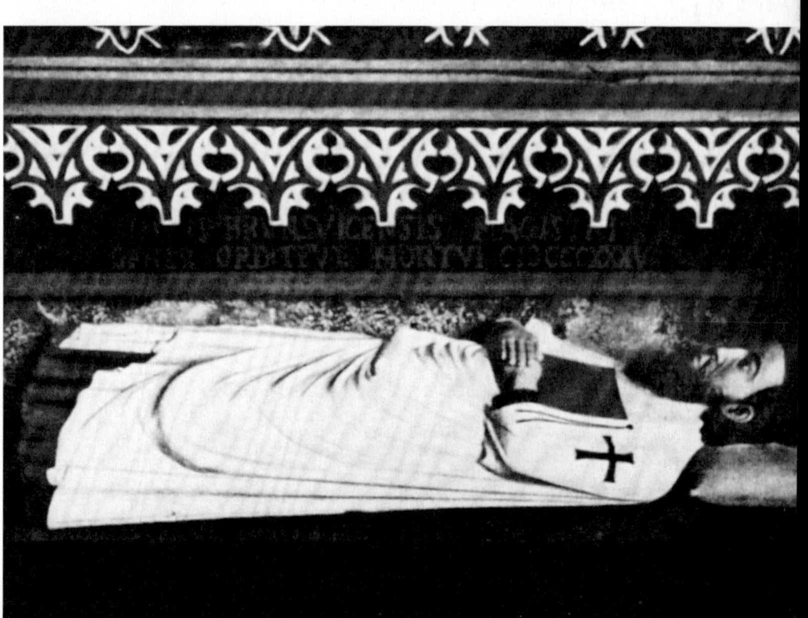

DIE GANZE OSTWAND DES HOHEN CHORS nimmt das Grabdenkmal des Herzogs Albrecht I. ein (oben rechts). Das Bild oben links zeigt den Orgelaufbau. – Die Wallenrodtsche Bibliothek (unten links) im Domturm. – Die prunkvoll aus Sandstein erbaute Kanzel (unten rechts) von 1590.

EINE HOLZPLASTIK DES GEKREUZIGTEN (oben links) überragt den Altar. – An den Wänden des Chors Steinbildwerke von Bischöfen und Heiligen (oben rechts). – Der reich geschmückte Taufstein (unten links). – Die phantasievolle schmiedeeiserne Tür der Taufkapelle (unten rechts).

Der Kneiphof

Mit seinen Armen umschließt der Pregel den Kneiphof: die Insel des Domes, der alten Universität und der Handelskontore, die Insel mit dem tätigen und bunten Leben einer Hafenstadt.

DIE DOMINSEL nannte man jene Ecke des Kneiphofes, wo sich, nahe dem Chor des Doms, die grauen Mauern der Alten Universität in dem träge vorüberfließenden Pregel widerspiegeln (Bild oben). 1544 eröffnet, erhielt die Universität nach ihrem herzoglichen Stifter Albrecht den Namen Albertina. Simon Dach hat ihr als Professor der Poesie angehört, Immanuel Kant brachte ihr Ruhm und Ansehen. Noch in dem Jahrhundert des großen Philosophen war der Kneiphof von Mauern umgeben, durch die Tore und »Pregelbogen« Einlaß gewährten. Das ganzseitige Bild links zeigt den Pregelbogen zur 2. Domquerstraße mit dem Blick auf den altehrwürdigen weitragenden Turm des Doms.

HÄUSER AUF DEM KNEIPHOF. Das Kneiphöfsche Rathaus (oben links). – Das Haus der Handelsbank (oben rechts). – Das Haus Domstraße 14 (unten links) bewahrte die Bauweise des 18. Jahrhunderts. – Das mit Figuren geschmückte Portal des Hauses Fleischbänkenstraße 35 (unten rechts).

DURCH DAS SCHÖNE SANDSTEINPORTAL dieses Patrizierhauses (oben) ist so mancher Zecher gegangen; in ihm, Kneiphöfsche Langgasse 27, lagen die Räume der Weinhandlung Steffens & Wolter. – Die »3« fährt über die Krämerbrücke (unten); im Hintergrund das Speicherviertel am Hundegatt.

Pregel und Speicher

An der Lastadie baute sich die Speicherstadt mit architektonisch so reizvollen Fachwerkhäusern auf.

UNTERHALB DER GRÜNEN BRÜCKE legten im Innenhafen Seeschiffe an. Am Bug des Dampfers vorbei sieht man in das Hundegatt und bis zum Schloss; von Kai zu Kai pendelt die »Dittchenfähre«. Die Werfthalle (links auf dem Bild rechts) war die erste große moderne Umschlaghalle am Pregel.

AM BOLLWERK DES HUNDEGATTS mit der Reihe der alten Speicher hoben Ladebäume die Frachten aus den Schiffen oder füllten sie mit Getreide und anderen Produkten des Handels. – Rechts oben: Außer den Dampfern mit mehreren tausend Tonnen Fassungsvermögen machten hier auch Kurische Reisekähne, Prähme und Boydacks fest. – Rechts unten: Tilsiter Käse wird verladen.

ALTE
SPEICHERMARKEN

allegorische Figuren und Darstellungen, in Sandstein gemeißelt, gaben den einzelnen Speichern Namen.

Obere Reihe: Weibliche Gestalt mit Anker reicht einer anderen die Brust, darüber ein Schiff und eine holländische Windmühle; Merkur von 1815; zwei weibliche Figuren unter dem Palmbaum mit dem Zeichen des Friedens.

Mittlere Reihe: Der Pelikan, der sich die Brust aufreißt, um seine Jungen zu nähren; der Hirsch.

Untere Reihe: Der Kasten Noa; der Walfisch-Speicher, der Walfisch speit Jonas aus.

VOR EINEM SPEICHER-AUFZUG. Kräftige Arme fassen oben zu, wenn die angeseilten Säcke hochgezogen werden. Der Arbeitskamerad unten hat indessen eine kleine Pause, sich »zu verpusten«.

DIE BÖRSE, an der Grünen Brücke gelegen, war Mittelpunkt des einst weltbekannten Königsberger Getreide- und Produktenhandels. – In guten Zeiten trafen sich hier täglich sehr viele Kaufleute.

Königsberg war ein bedeutender Umschlagplatz für Holz. Ein mit Schnittholz beladener Segler fährt durch die hochgezogene Köttelbrücke (unten links), und ein Schlepper zieht einen mit Zelluloseholz beladenen Prahm (oben rechts). – Ein Blick vom Pregel auf den Kneiphof (unten rechts). Am Kai hat ein Kurischer Reisekahn festgemacht.

EINE GANZE KAHNFLOTTE mit Zwiebeln, Gurken, Kohl und allen nur denkbaren Arten von Gemüse, Kräutern, mit Kartoffeln aus der Elchniederung und dem Großen Moosbruch lag im Sommer und im Herbst am Lindenmarkt. Noch weit mehr »Zippelkähne« waren am Junkergarten vertäut. Die Fischerboote fuhren zum Fischmarkt, der auf dem gegenüberliegenden Ufer zu erkennen ist. – Wie mittelalterliche Hakenbuden muteten die Verkaufsstände (oben rechts) auf dem Fischmarkt an. In den Altwarengeschäften wurde allerlei gebrauchter Hauskram angeboten. – Auch das Bild unten zeigt das Treiben auf dem Fischmarkt.

4
Herings
Räucherei
Franz Haeling
3 Neue u. gebrauchte Möbel
sowie Polsterwaren 3
2
2

Die Altstadt

Auf den Märkten und in den Gassen der Altstadt flutete quirliges Leben. Die ehernen Töne der Domglocken schwangen über die Dächer, und vom Schlossturm erklangen zur Mittag- und Abendzeit friedvoll die Choräle.

ÜBER DIE BOOTE AM OBEREN FISCHMARKT (Bild links) geht der Blick bis zur Holzbrücke im Hintergrund. – An heißen Tagen ist eine erfrischende Kühlung willkommen.

DIE SÜDOST-KANTE
DES SCHLOSSES

wird (auf dem Bild rechts) als schmaler Strich im Hintergrund der Schmiedestraße sichtbar. – Die Freitreppe des Altstädtischen Rathauses (unten) umgab ein schönes schmiedeeisernes Gitter. Der Mädchenbrunnen vor dem Rathaus ist ein Werk des Bildhauers Professor Cauer.

HACIFA

Links
verboten!

BERDING & KÜHN

DIE KOGGENSTRASSE (linke Seite, links oben) gibt den Blick frei auf den Schlossturm, die Kantstraße (linke Seite, oben rechts) lässt die runden Ecktürme des Schlosses erkennen. – Unten links sieht man die Ecke Kantstraße–Altstädtische Langgasse und unten rechts den Kaiser-Wilhelm-Platz.

VOM SCHLOSSTURM SCHWEIFT DER BLICK (rechte Seite, Bild oben) über die alten Speicher an der Lastadie bis zu der alten Eisenbahnbrücke und den Hafenanlagen. – Rechtes Bild: Der Altstädtische Markt mit den überdachten Beschlägen.

WIE AUF EINEM ZAUBERTEPPICH gleiten wir langsam über die Stadt hinweg und in liebender Erinnerung umfasst der Blick das altvertraute Bild rings um den Schlossteich, vom Paradeplatz über das Schloss bis in das Häusergewirr der Burgfreiheit, des Löbenicht und des Rossgartens.

DIE LÖBENICHTSCHE KIRCHE (das Bild oben)

DIE KATHOLISCHE PROPSTEIKIRCHE beherrscht mit ihrer barocken Kuppel weite Teile des Sackheims. – Auch vom Neuen Markt aus (unteres Bild) ist sie gut zu sehen.

DAS SACKHEIMER TOR, an dem der preußische Adler angebracht ist. – Der Neue Markt (unten) erfreut uns auch mit einem Blick auf den Turm des Schlosses.

ARTIUM OPERIBUS CONDENDIS ARTIFICIBUS
STAATLICHE KUNST- UND

ZWISCHEN DEM SACKHEIM UND DEM SCHLOSSTEICH lag das Viertel Königstraße–Rossgarten. Das Königstor (links) bildete einen würdigen Abschluss der Königstraße. Die Standbilder in seinen Nischen stellen König Ottokar, Herzog Albrecht und König Friedrich I. (Mitte) dar. In der Königstraße stand (links unten) der klassizistische Bau der Kunst- und Gewerbeschule mit dem Obelisk für Oberpräsident von Schön. – Rechteckige Blenden und spitzbögige Öffnungen gliederten den massigen Turm der Altrossgärter Kirche (rechts). Eine der bemerkenswertesten Bauten am Rossgärter Markt war das Pionierkasino, um 1700 vom Herzog von Holstein-Beck erbaut.

FÜNF STRASSEN trafen am Rossgärter Markt (Bild oben) zusammen; links die Weißgerberstraße, in der Mitte der Vordere Rossgarten, rechts die Königstraße. – Das untere Bild: Ecke Münz-Platz–Französische Straße, im Hintergrund sieht man über den Dächern den Turm der Löbennichtschen Kirche.

DER SCHLOSSTEICH, vom Münz-Platz aus gesehen (Bild oben). – Die Französische Straße (unten), 1686 auf einem Schossteichdamm von Hugenotten angelegt. In dem durch eine Plakette gekennzeichneten Haus (das zweite von rechts) wurde am 24. Januar 1776 der Dichter E.T.A. Hoffmann geboren.

TURM UND DACH
DER BURGKIRCHE
ragten (Bild links) über die Bäume der Schlossteichpromenade. Den torartigen Zugang zur Burgkirche vom Bergplatz aus (Bild rechts) schmückten die Statuen der Gerechtigkeit, der Barmherzigkeit sowie der Liebe.

IN DER STADTHALLE (Bild unten) hatte das Musikleben in Königsberg seine Stätte; hier fanden die großen Sinfoniekonzerte statt.

Der Schloßteich

Ein blinkendes Juwel inmitten der Stadt, das Erholung und Freude schenkte

RINGS UM DEN SCHLOSSTEICH
Ein Blick auf das Schloss. – Über die Schlossteichbrücke zur Weißgerberstraße. – Zur großen Schlossteichstraße.

\uf der Schlossteich-
·romenade zum
'arkhotel. – Ein
3lick auf das Städt.
<rankenhaus (Mit-
e). – Mädchenfigur
n den Kaskaden.

Der Paradeplatz

Er hat ehemals als »Lustgarten« höfisches Treiben gesehen; dann war er, mit der Universität, dem Opernhaus und der geschlossenen Südostfront, zum großen Schmuckplatz der Königsberger Innenstadt geworden.

DIE JUNKERSTRASSE (Bild links) war die repräsentative Geschäftsstraße der Stadt; wo sie auf die Poststraße stieß, stand die Altstädische Kirche. – Das Bild rechts: Von der Schlossteichbrücke gelangte man durch die Große Schlossteichstraße zum Paradeplatz. Die beiden Aufnahmen unten zeigen die Südostseite des Platzes.

DIE NEUE UNIVERSITÄT, 1844–1861 von August Stüler erbaut, der aus der Schule Schinkels hervorging. – Unten: Das Stadttheater (Opernhaus), in den schweren Jahren 1806–1809 entstanden.

DAS STANDBILD IMMANUEL KANTS auf dem Paradeplatz, von Christian Rauch geschaffen und von Hermann Gladenbeck 1857 gegossen, erinnerte an den größten Sohn Königsbergs.

Parkhotel
BAR
Weinkeller

Der Tragheim

Zwischen Schlossteich, Steindamm und Wallring – im Tragheim – lagen stattliche Behörden und einige Universitäts-Institute.

DAS PARKHOTEL (links oben); die Regierung (Mitte); unten: Blick auf Wallgraben und Festungsglacis, im Hintergrund das Haus der Technik. – Die Seite rechts: Die Tragheimer Kirche. – Der Wrangelturm, ein Rest der Festung, zu der Königsberg 1840–1850 ausgebaut worden war; rechts im Hintergrund die Kunsthalle.

Vom Steindamm zu den Hufen

DER STEINDAMM – die vier Bilder auf diesen beiden Seiten – entwickelte sich mit der Ausdehnung der Stadt zur Hauptverbindung nach den Hufen. Die Steindammer Kirche (auf den Bildern rechts oben und links) stammt aus den ältesten Zeiten Königsbergs; sie wird bereits 1258 erwähnt.

DER NORDBAHNHOF (oben), das Tor zu den Bädern des Samlandes und der Nehrung. – Das Neue Schauspielhaus (unten), eine Stätte künstlerischen Schaffens inmitten schöner Anlagen.

ZEICHEN NEUZEITLICHEN BAUWILLENS: die Mädchengewerbeschule (oben), die Neue Anatomie (Mitte), unten das Haus der Technik.

MIT DEM EINGANG ZUM TIERGARTEN (oben rechts) tat sich für ungezählte Königsberger eine sehr beliebte Erholungsstätte auf. Besondere Anziehung übten »Jenny« (oben) und die Eisbären aus.

DER LANDGRABEN (das Bild unten), schon von den Ordensrittern als Zuleitung für das Wasser angelegt, führte mit seinem beliebten Wanderweg tief hinein in das fruchtbare Samland.

Am Oberteich

Im Norden der Stadt lag der Oberteich; er sah im Sommer in den Badeanstalten und auf den gepflegten Promenaden frohes, buntes Leben.

AN DEN UFERN DES OBERNTEICHS
Diese Ziermauer (oben) war einst Tei der Fundamente, di Rosenanlage (Mitte Erdwerk der Befestigung. – Die Brück über den schmalen nördlichen Teil des Oberteichs.

Rechte Seite: Das Ostufer mit dem Dohna-Turm (oben). – Die steinerne Robben-Familie. – An der Oberteichterrasse.

Die Juditter Kirche

Ein Feldsteinbau, unweit der Stadt reizvoll auf einem Hügel gelegen, war sie ehemals ein berühmter Wallfahrtsort und eine der ältesten Wehrkirchens Ostpreußens.

Linke Seite: Die Herzog-Albrecht-Gedächtnis-Kirche am Ottokar-Platz in Maraunenhof. – Die Handelshochschule am Oberteich, ein neuzeitlicher Zweckbau, umgeben von schönen Gartenanlagen.

DAS ZSCHOCKSCHE STIFT
mit seiner anmutigen Rokokofront, in dem Kant einstmals eine Bernsteinsammlung verwaltete, war Ausdruck des bildungsfreudigen Strebens der Kaufmannschaft. – Die Häuser auf dem Nassen Garten (unten) stammen noch aus der napoleonischen Zeit.

WER NACH KÖNIGSBERG KAM und aus dem Hauptbahnhof trat, den grüßte der schlanke, kunstvoll gegliederte Turm der Haberberger Kirche (Bild rechts); sie lag auf der leichten Erhebung einer alten Wallanlage. Ein Stück weiter nach Osten stand dann das Friedländer Tor (unteres Bild).

VOM HAUPT-
BAHNHOF
(Bild oben) fuhr mar
»ins Reich«, der
Hafen aber mit den
Schiffen vieler Natio
nen wies den Weg
weit über die Meere.
Der Dampfer
»Memel« fährt gerad
durch die Neue
Eisenbahnbrücke, di
größte Drehbrücke
dieser Art in Deutscl
land. – Unten: Das
Seemannsheim.

Rechts: Stauer bei de
Arbeit, – Männer, die
einen großen Anteil
an dem Aufblühen
des Königsberger
Hafens hatten.

Der Hafen

Königsberg, sieben Kilometer vor der Einmündung des Pregels in das Frische Haff, ist durch den 32 km langen Seekanal mit seinem Seehafen Pillau verbunden. Man zählte Königsberg zu den modernsten Ostseehäfen. Die Bilder von einst zeigen Pregel und Hafenbecken mit ihrem Treiben, mit den Kais und den großen Speichern.

STROMABWÄRTS der Eisenbahnbrücke lagen moderne Hafen- und Industrieanlagen. Unten links: Die Entladestelle der Gasanstalt, im Hintergrund zwei Eisbrecher. Der Gruppen- und Turmspeicher (rechts oben) konnte mit dem am nördlichen Pregelufer gelegenen Silospeicher (das Bild auf Seite 72 unten) etwa 100 000 t Getreide fassen.

Rechts unten: Blick auf die Zellstoffabrik der Feldmühle (im Hintergrund).

DER PEGEL IM WINTERNEBEL

Rechts: Am Königsberger Lagerhaus, an vielen Industrieanlagen vorbei begleitet der Holsteiner Damm den Pregel, bis zum Haff.

Ein Wegweiser

Er stand am Hauptbahnhof und zeigte die Wege in die Provinz und zu den nahen Seebädern.

PILLAU, der Seehafen Königsbergs, mit seinem Leuchtturm und den Kais, an denen die Schiffe des Seedienstes und die Handelsdampfer anlegten.

RAUSCHEN, eine Perle des Samlands, liegt auf der Steilküste; ein Weg schlängelt sich von oben herab zur Promenade und zum schönen Strand.

OSTSEEBAD CRANZ (Bild oben) war der beliebteste »Vorort« Königsbergs; von dort brachte man gern geräucherte Flundern mit. – Auch die nahe Samlandküste empfand man als zu Königsberg gehörend. Unser Bild (links) zeigt den Wachtbudenberg bei Klein-Kuhren, ein schönes Ausflugsziel.

DIE BOOTE AM STRAND, DER BERNSTEINFISCHER IN DER BRANDUNG, sie führen unseren Blick hinaus auf See und in die Weite, zum fernen Horizont, und wir hören das Rauschen des Meeres, wie es vor Jahrtausenden war und immer sein wird in Ewigkeit.

MARTIN KAKIES

ALTE HEIMAT
Danzig

DAS RECHTSTÄDTISCHE RATHAUS (gegenüber der Titelseite), 1939 von Meister Hinrich Ungeradin begonnen, ist ein Meisterwerk gotischer Backsteinbaukunst im Deutschordensland an der Weichsel. Nach einem Brande wurden der herrliche Renaissance-Turmhelm und die vier feinen Ecktürmchen von Dirk Daniels 1569 vollendet. Auf der höchsten Spitze des von hellgrüner Patina überzogenen und reich vergoldeten Helms ließ der Danziger Rat eine gleichfalls vergoldete Figur anbringen. Sie trägt auf dem Haupt eine Blätterkrone, wie sie auch das Danziger Wappen aufweist, hält daher auch in der Hand die durchbrochene Fahne mit diesem Stadtwappen, und mit ihrem weit auswehenden Mantel, durch den sie drehbar ist, zeigt sie – der »güldene Kerl«, wie sie in zeitgenössischer amtlicher Bezeichnung heißt – seither die Windrichtung an. Das Glockenspiel dieses Turmes hat Jahrhunderte hindurch jede Stunde bei Tag und Nacht wechselnde Choräle über die Giebel und Gassen der Stadt hinweggesungen bis zu ihrem Untergang.

DER GEWALTIGE GLOCKENTURM DER MARIENKIRCHE, dessen drei oberste Geschosse hier sichtbar sind, läßt uns ungefähr die Ausmaße ahnen, die dieser größten protestantischen und fünftgrößten christlichen Kirche der Erde überhaupt von ihrem Erbauer, dem Rat der Stadt Danzig, zugrunde gelegt worden sind. Denn dies ist kein Dom, sondern eine Bürgerkirche, ein 27 Meter hoher Hallenraum mit drei Längsschiffen und einem mächtigen Querhaus, das nach Norden zwei, nach Süden drei Schiffe zählt. Im Jahre 1343 wurde der Grundstein gelegt, 1502 erst waren die letzten Gewölbe vollendet. Der Marienkirche gewaltiger Bau mit dem großartigen Westturm und den vielen spitzen Nebentürmchen ist seit Jahrhunderten das Hauptwahrzeichen Danzigs, der »Kron' in Preußen«, und weithin ins Weichselland hinein und auf die Ostsee hinaus sichtbar gewesen. Wenn die Glocken von St. Marien über Tore und Türme hinweg erklangen, allen voran die gewaltige »Gratia Dei«, dann war das ein einziges Brausen und Singen, und heute noch, wenn wir es fern der Heimat einmal zu weihnachtlicher Feierstunde im Rundfunk wieder vernehmen, geht ein Erschauern durch unsere Herzen, und wir schämen uns nicht der Tränen.

Vor diesen Bildern, die unbestechlich unser Danzig so darbieten, wie wir es im Herzen tragen, laßt uns zum letzten Male sagen: das ist Danzig! und nicht: das war Danzig! Von überallher gewinnt man Zugang zu dieser Stadt: vom Lande, von See und auch aus der Luft. Aber dieser Weg von oben her sollte sich, so sehr er sich dem neuzeitlichen Menschen anzubieten scheint, wenigstens beim ersten Besuch, von selbst verbieten. Denn »die Kron' in Preußen« ist nicht als reizvoller Steinbaukasten errichtet. Und irgendwie will es uns nicht zustehen, über St. Mariens architektonische Einmaligkeit eilfertig hinwegzuschweben und so eines Anblicks teilhaftig zu werden, der zwar erst recht die alten Meister ehrt, den sie aber nicht vorsehen konnten.

Ihrem Ermessen gemäß wird immer ein Gesamtanblick dieses großartigen Gemeinwesens vom Hagels- oder Bischofsberge sein, jenen letzten Ausläufern des baltischen Höhenzuges. Von hier aus mögen sie selber ihr Werk betrachtet haben. Von hier oben her haben die Künstler seit Jahrhunderten das »opulentissimum emporium« Danzig dargestellt, und von hier aus erleben auch wir unsere Stadt, wie sie sich in ihren unvergeßlichen Umrissen vom Land und von der Ostsee abhebt.

Romantisierende Seelen geben sich gern dem Anblick Danzigs im Abendschein hin. In zartem Violett wölken dann die Schwaden aus den Essen der aberhundert alten Giebelhäuser da drunten, aus deren Zickzackzeilen sich im Abschiedsglühen der scheidenden Sonne die mächtigen mittelalterlichen Backsteinkirchen erheben, in stetem Crescendo bis zum stumpfen Westturm der Marienkirche mit seinen vielen spitzen patinagrünen Trabantentürmchen. Von hier oben her wähnt man die Stadt noch immer von den alten Festungswällen eingefaßt. Ein Trugschluß, denn die vorgelagerten roten Mauern und übergrünten Bastionen weichen fast überall weit zurück, wenn wir hinabsteigend uns den längst freistehenden Torbauten nähern. Dann treten auch alle scheinbaren Manifestationen einer »guten alten Zeit« sehr bald hinter den Eindruck wohlbedachter Zweckmäßigkeit zurück, der allerdings einstiger Stadtbürgerstolz ein Höchstmaß von Schönheit zu verleihen vermocht hat.

Wir verharren vor dem Hohen Tor, das einst den Zugang von der Danziger Höhe her bildete. Durch seine seitlichen Pforten gingen bis in die letzten Jahre des abgelaufenen Säkulums, ehe hier die Wälle fielen, die Bürger ein und aus. Durch seine Mittelwölbung sind Kaiser und Könige, Gesandte, Danziger Stadtsoldaten und ihre »Feldobristen«, Kaufherren und Künstler, Bürgermeister und »Ratsverwandte«, fahrendes Volk und ehrsame Handwerksmeister zu Pferde und zu Fuß, in Karossen und Planwagen, in Portchaisen und auf Schlitten hindurchgezogen, zu Kriegs- und Friedenszeiten.

Längst hat sich dies Tor geschlossen, und der Verkehr umgeht es ebenso wie seine einstige Fortsetzung. Schwärzlich und schweigend stehen Peinkammer und Stockturm zwischen Straßenbahngleisen und eilenden Kraftwagen. Aber dann, neben der Georgshalle, öffnet sich wie ehedem das Langgasser Tor und gibt den Blick in Danzigs festliche Hauptstraße frei. In leichter Schwingung führt sie zwischen steilen Giebelreihen in die Tiefe, hat im schlanken Ratsturm ihren nicht zu übersehenden Akzent und läuft in den Langenmarkt aus, den dann das Grüne Tor abzuschließen scheint.

Das Rathaus der Rechtstadt ist im Grunde noch der Gotik zugehörig. Der Renaissance, dem Barock, Rokoko und Klassizismus stilverbunden stehen die ehemaligen Patrizierhäuser da, mit Geschäften und Kontoren. Neuzeitlichere Gebäude sind dazwischengetreten, doch hier schon offenbart sich, wie Jahrhunderte einander die Hand gereicht haben, ohne daß darum, von der Moderne abgesehen, Unorganisches Gestalt gewonnen hätte.

Immer wieder aber erleben wir es in Danzig, daß sich in der Abgeschiedenheit irgendeine abgelebte Zeit ganz rein darstellt. So in des Ratsherrn Johann Uphagen Haus in der Langgasse. Darin umfängt uns von der Diele bis zum Roten Saal, vom Spielzimmer bis zur Schlafstube so mächtig das Rokoko, daß wir leise auftreten und nur flüstern möchten: Jeden Augenblick könnte am Ende in der Allongeperücke der Hausherr hervortreten und uns hinausweisen.

Draußen aber brandet der Verkehr, betrachtet vielleicht gerade ein Brautpaar die Auslagen eines Juwelierladens, auf dessen Hausgiebel einst der Erbauer in goldenen Lettern geschrieben hat: »Pro invidia«, was besagen soll: Neidet es mir nur!

Die Straßenbahn rattert vorüber, bunte Schilder laden zu Ausverkäufen ein, Kinder kommen aus der Schule, und eine Gruppe Fremder wird ins Rathaus geführt: Diele, Roter Saal, Sommerratsstube... Wer nicht bar ist jeden Gefühls für alte deutsche Städteherrlichkeit, der erlebt hier den unmittelbaren Abglanz jenes mächtigen Danzig, das zu seiner Zeit ganz Nordosteuropa handelspolitisch beherrscht hat wie Venedig das Mittelmeer.

Auf dem Langenmarkt plätschert der Neptunsbrunnen, warten die Taxen, suchen die Tauben zwischen eiligen Expedienten und plaudernden Hausfrauen auf dem Pflaster umher und prunkt der Artushof, die »gute Stube« der Stadt, die Börse und früher Versammlungshalle, in der sich die in Brüderschaften und Banken zusammengefaßten Geschlechter allabendlich zum Umtrunk und gelegentlich zu Fest und Tanz gesellten. Gehen wir einmal hinein, um die Danziger Diele, Anton Müllers Weltgericht, Fredemanns Fresken, die Turnierrüstungen, die Hirschgeweihe, Tafelbilder, Schnitzereien und den über zwölf Meter hohen Ofen mitsamt seiner allbekannten Eulenspiegelei zu sehen? — Hand aufs Herz: Wie viele Danziger haben doch ihr ganzes Leben lang nie unseren Artushof betreten!

Das sind gewiß auch jene, die weder das einsame Armsünderglöckchen im nördlichen Rathausgiebellaternchen kennen noch von Sonnenuhr und Pechpfanne etwas wissen. Sie bestreiten wohl gar, daß selbst St. Marien ihre Sonnenuhr und — außer dem seit Jahrhunderten schweigenden Apostelwerk im Innern — eine besondere andere Uhr besitzt: Golden leuchten ihre Ziffern über die vier Dämme hin, aber Zeiger sucht man vergebens. Wozu bedarf es auch ihrer, so doch alle halben Stunden der Katharinenturm, jede Stunde das Rathausglockenspiel ihre Choräle singen! Minuten sind nicht das rechte Maß für eine alte Stadt, die in Jahrzehnten und Jahrhunderten rechnet. Dennoch hat hier nie die Zeit stillgestanden; sie war vielmehr oft genug dem Zählen und Zuwarten der anderen voraus.

St. Marien, die größte protestantische Kirche der Erde, sieht man schon aus weiter Ferne die Stadt mit ihrem mächtigen stumpfen Glockenturm überragen. Auch beim Wandern durch die Danziger Rechtstadt fällt der Blick immer wieder auf diesen gewaltigen Westturm, auf den Chor, auf die Giebel des Querhauses, auf die zinnengekrönten Schiffe oder die zierlichen Spitztürmchen. Wer das Innere des Gotteshauses betritt, wird zunächst von dem Wald von steinernen Pfeilern gefangengenommen, die sich nach oben hin im Dämmern der Stern- und Zellengewölbe verlieren. Als größtes Kleinod der Kirche wird Hans Memlings »Jüngstes Gericht« angesehen, das Danzigs Seeheld Paul Beneke 1473 aus dem Kaperkrieg gegen England heimgebracht hat. Aber bei den vielen bedeutenden Werken der Malerei und Plastik von St. Marien fällt solch ein Werturteil schwer. Von den Bildhauerarbeiten ist die lieblichste ohne Zweifel die »Schöne Madonna« in der Reinholdskapelle. Um 1425 ist sie entstanden.

Die Langebrücke mit dem Krantor kennt alle Welt. Seit einem halben Jahrtausend. So wie sie St. Pauli in Hamburg kennt, Kapstadts Tafelberg, Venedigs Markuslöwen und die Freiheitsstatue New Yorks.

Hier schlägt das Herz des Hafens, vor den endlosen Zeilen der alten Speicher auf ihrer eigenen Insel, die so seltsame Bezeichnungen führen wie »Schmiedewarm«, »Graue Gans«, »Bunter Hund«, »Roter Lau«, »Engel«, »Milchmagd«, »Pelikan«, »Elephant«. Und die Schiffe davor tragen ihre fremden Namen und nennen am Heck ferne Heimathäfen.

Das war uns schon damals eine reine Freude, als wir als ferienselige Schüler vor dem Ersten Weltkrieg an Brabank vorbei, durch den Kaiserhafen, an der Feste Weichselmünde vorüber zum Baden nach »unserer Westerplatte« fuhren, die Liebe zu unserem Mädchen im Herzen und die Sehnsucht nach Ferne, Fahrt und Wiederkehr. Wir konnten die Flaggen aller seefahrenden Nationen auseinanderhalten und wußten Vollschiff, Brigg, Bark und Schoner nach der Takelage schon von fern ebenso auszumachen wie unsere Kriegsschiffe, vom Küstenpanzer bis zum Kleinen Kreuzer der Städteklasse, vom Torpedoboot bis zum Linienschiff.

Die Hauptgassen der Rechtstadt und Altstadt laufen mit den vielen »Wassertoren«, vom »Kuh-« und »Grünen Tor« bis zum »Häker-«, »Tobias-«, »Kohlen-« und »Rähmtor«, auf die Langebrücke aus. Die Frauen-, Heiligegeist-, Johannisgasse und wie sie alle heißen, mit ihren teilweise noch erhaltenen baumüberschatteten Beischlägen und Portalen, ihren traulichen Hangelstübchen und figurengekrönten Giebeln sind seit Kindertagen so sehr unser geistiger Besitz, daß wir das Staunen, Malen und Fotografieren gern dem Fremden überlassen.

Anders ist es mit den Kneipen am Ufer, der »Jägerhütte«, die voller Wunder aus allen Weltteilen steckt, mit den spaßigen Sprüchen in Brandmalerei bei »Mutter Senger«, mit den historischen Probierstuben des 1598 gegründeten »Lachs« in der Breitgasse und mit dem Fischmarkt. Da hocken auf Bänken oder in ausgeschnittenen Bütten die lachenden, knurrenden, schimpfenden Fischfrauen, Goldherz oder Giftzahn eng beeinander. Eine Welt für sich. Voller Entsagung, Weisheit und unnachahmlichen Humor. Dort, unter dem behäbigen Schwanenturm, am »Brausenden Wasser«, die schaukelnden Kähne und Kutter und Sicken, — da pulst der urtümliche Alltag von Mottlau-Athen, da kann man ihn gleichsam mit Händen greifen.

Wer Augen dafür hat, entdeckt ihn auch anderswo. Etwa an der Krantorfähre. Man braucht gar nicht erst zu fahren. Man steht oben am Bollwerk und sieht zu, wie sie sich geben, horcht, was sie sagen, die Hunderte, die Tausende, die sich da übersetzen lassen, die Arbeiter und Matrosen, Händler und Hausfrauen, Zöllner und Stauer, Kaufleute und Holzkapitäne, von Sonnenaufgang bis in die sinkende Nacht. Das ist das Leben voller Schicksale. Und das war früher in die Hand eines allbekannten Originals gegeben: »Paulchen von der Krantorfähre«. Wer womöglich alle Tage ein paar Stunden dort am Geländer lehnt, etwa als Schauchen suchender Schauermann — sie suchen nicht allzu angestrengt —, der wird dabei zu einer Art von Philosoph, wie sie es wohl alle sind, die an den Bollwerken der Häfen dieser Erde ihre Tage abspulen, von Hammerfest bis Honolulu, von Flensburg bis Frisco. Wovon sie eigentlich leben, weiß man im Grunde ebensowenig, wie man es von den Möwen weiß, die um sie schwirren, oder von den wilden Tauben im Turmgemäuer. Nach diesen seltsamen Bollwerksgestalten und ihrem Tun nennen sich die gebürtigen »Danziger Bowkes« auch »Mottlauspucker« und hat das Volksempfinden zwei untrennbare Typen entwickelt: Bollermann und Welutzke. Sie haben natürlich nie gelebt, aber jeder kennt sie, mit ihrem Hinnehmen des Lebens, wie es gerade kommt, und ihrem lässigen Humor im echten Missingsch.

Auch weiter draußen, an den Werften von Klawitter und Johannsen bis Schichau und der »Kaiserlichen«, regt sich der Werktag. Aber man sieht weniger von den Menschen als von den Maschinen, den Docks und den Kränen, vom kleinsten Portalkran bis zu dem vierbeinigen Elephanten von Klawitter, dem »Langen Heinrich« und dem mächtigen Hammerkran von Schichau. Und ihr Werk sieht man werden auf den Hellingen, vom Spantengerüst bis zum Stapellauf. Bei allen großen Stapelläufen der Handels- und Kriegsmarine sind die Danziger dabei. Darum sind sie der Seefahrt doppelt verbunden.

Wasser ist in Danzig überall: die Radaune, die vielarmige Mottlau, die Festungsgräben und die Weichsel. Selbst wo man es am wenigsten vermutet, kommt es irgendwo hervorgesprudelt: unterhalb des »Schwan«, quer unter der Malergasse, aus einem verwinkelten Hause heraus, an eigenartigsten Orten. Genauso unvermittelt steht man beim Wandern durch die Gassen vor baulichen Überraschungen, etwa vor gotischen Bürgerhäusern in der Hinter- oder

Kleinen Hosennähergasse, vor Kanzelhäusern am Kneiphof oder am Rahm oder dem Tobiasspital, vor dem »Blanken Haus« in der Abeggasse, dem Teehäuschen in der Spendhausneugasse, dem »Apostelgang« an der Professorgasse, den drei Schweinsköpfen am Ferberhaus im Pfarrhof von St. Marien, vor dem Eimermacherhof oder den gemütlichen Vorbauten der kleinen Giebelhäuschen auf Karpfenseigen, nahe der Krausebohnengasse. Jeder echte Danziger kennt andere Winkel, die sich jeder erst hat erobern müssen.

Das moderne Danzig am Karren-, Dominiks- und Elisabethwall, etwa von der Wiebenkaserne bis zum alten Generalkommando, Hauptbahnhof und Olivaer Tor, war uns Kindern immer etwas langweilig, wenn nicht gerade vielleicht die Soldaten… Ja, unsere Soldaten gehörten zu der großen Danziger Garnison und waren aus unser Vaterstadt ebensowenig wegzudenken wie die Schiffe. Nach der Großen Allee nach Langfuhr liegt die Technische Hochschule, an der bedeutende Professoren lehren. Die Studenten, vor allem die Korporationen, führen ihr fröhliches und auch wieder sehr ernstes Eigenleben und haben sich in schweren Zeiten für das Wohl ihrer Musenstadt oft genug eingesetzt.

Hinter Langfuhr beginnen die Wälder, liegt das friedvolle Oliva mit seinem Rokokoschloß, dem herrlichen Garten und der Kathedrale, nicht mehr weit von Zoppot, das Weltbad an der Danziger Bucht, der bekannten »Sportwoche« und den in aller Welt berühmten Waldfestspielen ist internationaler Anziehungspunkt der vornehmen Welt. Aber wer von all denen, die im nächtlichen Walde den Wagneropern lauschen, oder von den Zehntausenden, die nach dem Blumenkorso das große Feuerwerk an der Ostsee erleben, ahnt eigentlich etwas vom Leben auf dem Danziger Lande?

Wer weiß denn, daß ein großer Teil davon unter dem Meeresspiegel liegt, so daß es immer entwässert werden muß? Dazu dienen seit der Ordensritter Zeiten die mächtigen Schöpfwerke, die mit den Bock- und Holländermühlen trotz ihrer Flügel nicht verwechselt werden dürfen. Und immer wieder, inmitten der grünen Weiden, an deren Gräben sich die so seltsam verformten Kopfweiden spiegeln, liegen die Dörfer mit ihren Fachwerk- und Backsteinkirchen, deren viele hohe Holzhauben tragen. Behäbige Vorlaubenhäuser mit reichem Balkenfiligran zeugen seit alter Zeit von der Wohlhabenheit der Hofbesitzer. Oft war das Land durch Eisgang der Weichsel im Frühjahr bedroht. Brachen die Dämme oder wurden sie in Kriegszeiten von Feindeshand durchstochen, überschwemmte der Strom die Weichselwerder weithin. Aber die Deichgrafen und Deichgeschworenen wollten »lieber in der Niederung versaufen als auf der Höhe verhungern«.

Die Danziger Höhe hat kargere Böden, weite Wälder und kleinere Dörfer. Einsamer sind die Menschen hier, besinnlicher darum, versonnener und versponnener. Hier oben werden Rose und Warzen noch besprochen, öfter als anderswo; hier bekreuzt man in der Johannisnacht die Stalltüren und wirft »Loddigblätter« gegen Teufel und Hexen aufs Dach. Hier holt noch das »Nohier« nach dem Tode ganze Familien nach und fährt in Sommernächten der feurige

»Alf« durch die Lüfte. — Besonderen Lebens voll ist auch die Binnennehrung, die Heimat der Fischer. Sie ist nicht so fern von jedem Verkehr, seit das sommerliche Badeleben auch viele ihrer Dörfer in Anspruch nimmt. Aber wenn der Herbst seine Stürme schickt, in Seenot und in der großen Stille des östlichen Winters wird das Leben besonders hart. Das Fischervolk redet womöglich noch weniger als die Landleute, aber einer tritt für den anderen ein, wenn die See nach ihnen greift, und tut schweigend vieles, was anderswo als Heldentum ausgeschrien würde.

Jeder Ort ist Heimat dem, der dort geboren wurde, und ihn dünkt er der schönste auf Erden. Aber am Ende dürfen wir Danziger uns doch besonders glücklich schätzen, eine Heimat zu haben, die von allen Menschen, denen offene Augen und Herzen gegeben sind, zu den schönsten deutschen Städten überhaupt gezählt wird.

Wir werden unser Danzig nie vergessen und es als Erbe und Aufgabe weitergeben.

Hans B. Meyer

DER STOCKTURM, einst ein gewichtiges Glied in der alten Stadtbefestigung, später Gefängnis, steht heute mitsamt der Peinkammer, umgeben von schmalen Taschengebäuden aus dem 18. Jahrhundert, wie eine verlorene Insel inmitten des neuzeitlichen Straßenverkehrs. Wer aber durch das spitzbogige Tor hindurch in den stillen Innenhof oder gar über schmale Wendeltreppen die längst vergangenen Zellen aufsucht, in deren Wänden die einstigen Insassen schon vor dreihundert Jahren Namen, Zeitrechnungen, Zinken, Schiffe, allerlei Getier, Stäupungs- und Hinrichtungsszenen eingeritzt haben, der fühlt sich in eine ferne, fremde Zeit zurückversetzt, und frühere Jahrhunderte werden anschaulich und lebendig.

DAS LANGGASSER TOR, zu Anfang des 17. Jahrhunderts an Stelle eines gotischen Vorgängers nach florentinischem Muster errichtet, trägt auf dieser seiner Innenseite einen lateinischen Spruch, der besagt: »Durch Eintracht wachsen kleine Staaten, durch Zwietracht gehen selbst große zugrunde.«

DAS KAISER-WILHELM-DENKMAL vor dem Hohen Tor war für viele junge und ältere Danziger ein beliebter Punkt für Verabredungen aller Art; man traf sich dort zu verabredeter Stunde »unter dem Schwanz des Pferdes«.

DAS HOHE TOR ist 1588 erbaut worden, bildete einst den Zugang zur Stadt von der Danziger Höhe her und hat daher auch seinen Namen. Viele Jahrzehnte war die Hauptwache darin untergebracht, die bis 1914 gestellt wurde vom Danziger Infanterie-Regiment Nr. 128 und vom Grenadier-Regiment König Friedrich I. (4. Ostpr.) Nr. 5. Bei Tage hatte sie vor allen Generalen und Admiralen das Gewehr zu präsentieren.

DIE LANGGASSE, an deren Ende sich das Rechtsstädtische Rathaus erhebt, war eine moderne Geschäftsstraße geworden, aber viele Häuser gehörten noch der Barockzeit an und selbst neuzeitliche Umbauten wahrten die herkömmlichen steilen, schmalen Giebelfronten, im Innern aber waren sie geräumiger.

DIE BEUTLERGASSE gewährte einen besonders eindrucksvollen Blick auf den gewaltigen Marienkirchturm.

„Rokoko"

DAS UPHAGENHAUS, 1776 vom Ratsherrn Johann Upphagen erbaut, war vom Keller bis zum Boden mit allen Einrichtungsgegenständen wohlerhalten geblieben. – Links oben: Fassade und Höfchen mit Brunnen, Seitenflügel und Hinterhaus. – Links unten: Das kunstvolle Portal. – Rechts unten: Diele und Treppenhaus. In die Diele springt das zwischen Erd- und erstem Obergeschoß nach Danziger Bauart eingefügte »Hangelstübchen« vor. Es bildete einst den Lieblingsaufenthaltsraum der Hausfrau. Durch die Fenster dieses Stübchens konnte sie schreibend oder stickend, ohne selbst gesehen zu werden, jeden beobachten, der das Haus betrat oder verließ, sich selbst aber manchmal sehr bequem verleugnen lassen.

Das Schlafzimmer des Hausherrn und seiner Gattin mit den Baldachinbetten der Empirezeit. – Unten das gemütlich eingerichtete Hangelstübchen mit Kachelofen, rosshaargepolstertem Sofa und Samowar.

Der mit rotem Samt tapezierte Empfangssaal nahm die ganze Hausbreite ein. – Im Seitenflügel befand sich unter anderem das Musikzimmer, während die Speisezimmer der Familie im Hinterhaus lagen.

DER LANGEMARKT mit Rathaus und Artushof. – AUS DEM RATHAUS: »Der Zinsgroschen«, Ausschnitt aus einem Gemälde Anton Möllers (Anfang 17. Jahrhundert), die Diele mit der geschnitzten Wendeltreppe und der prunkvolle Kamin in der »Sommerratsstube«, dem Roten Saal, in reichem Frühbarock gehalten.

DIRARUM CONCIUS

TREPPENAUFGANG UND PORTAL DES RATHAUSES. Nur hier blicken beide Löwen, die das Danziger Wappen halten, nach links, zum Langgasser Tor, woher alle erlauchten Gäste nahten. Viele Kaiser und Könige hielten hier ihren Einzug in die alte Hansestadt.

DER ARTUSHOF und der NEPTUNSBRUNNEN auf dem Langenmarkt, dahinter die bezeichnenden schmalen hohen Giebelhäuser. In den Erdgeschossen befinden sich viele Läden.

DER GROSSE KACHELOFEN IM ARTUSHOF 12,50 m hoch, 1546 errichtet. Daneben eine spätgotische St.-Georgs-Gruppe (Holzplastik), 15. Jh.

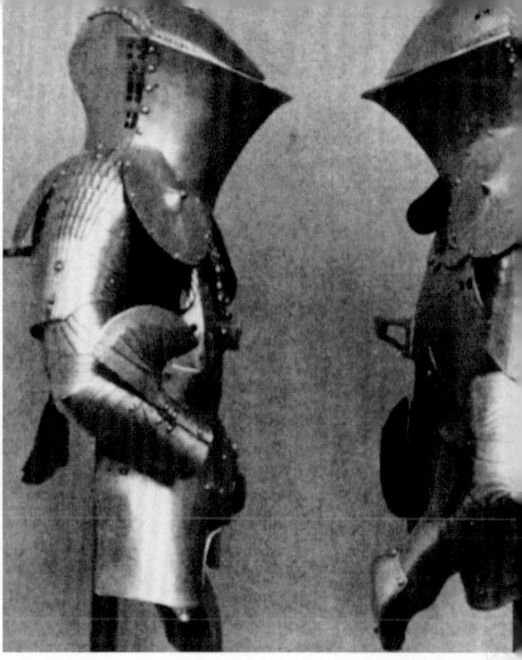

ZWEI TURNIERAUSRÜSTUNGEN im Artushof, wie sie die Danziger Junker schon im 15. Jahrhundert bei ihrem von den Rittern übernommenen Lanzenstechen zu Pferde auf dem Langenmarkt benutzten.

DIE »DANZIGER DIELE« (früher Schöppenhaus), die Vorhalle zum Artushof, ausgestattet mit Deckengemälden, Schiffsmodellen, Blakern, Zunftzeichen und anderen Erinnerungsstücken aus der Blütezeit der alten Handels- und Hansestadt. – Die Innungsaltertümer befanden sich zuletzt im Landesmuseum Oliva.

DAS SPEIMANN-HAUS (Steffens-Haus) auf dem Langenmarkt. Speimann, ein reicher Getreidekaufmann, dessen Schiffe bis ins Mittelmeer fuhren, hat sich dies Haus mit der überreichen, goldverzierten Fassade im Stil der italienischen Hochrenaissance erbaut. So steht es noch heute da als Ausdruck einstiger Weltgeltung der nordischen Handelsmetropole und zeugt vom Wohlstand seiner früheren Bewohner.

DIE LANGER-BRÜCKE mit Frauentor, Sternwarte und Krantor. Am Mottlaukai links die Vergnügungsdampfer, rechts, vor den Speichern, Weichselkähne.

ABEND AN DER MOTTLAU. Still und feierlich stehen die Konturen der historischen Bauwerke gegen den nie ganz dunklen Nachthimmel, und es spiegeln sich die Laternen im stillen Wasser des Flusses.

DAS GRÜNE TOR schließt den Langenmarkt an seiner Ostseite ab. Dieser prächtige Bau der Spätrenaissance hat seinen Namen daher, dass die Gewölbe der Tore einst grün gestrichen waren.

DAS GRÜNE TOR vo der Wasserseite. Auf de Mottlau hat am Bollwerk der allen Danzigern wohlbekannte, beliebte Bäderdampfer »Paul Beneke« festgemacht, der meist nach Zoppot und Hela fuhr.

DAS BROTBÄNKEN TOR ist ebenfalls eines der vielen »Wassertore« mit denen die Straßen der Rechtstadt in die Langebrücke einmünden. Über dem Torgebäude Giebel und Dac reiter des »Englischen Hauses« in der Brotbär kengasse, so benannt nicht etwa nach einer britischen Niederlassung, sondern nach ein Engelsfigur, die einstmals den Giebel bekrö hat.

SPEICHERINSEL UND KUHBRÜCKE, davor ein Zweimastschoner. Verholten solche Schiffe mit Masten oder höheren Deckenaufbauten, mußten jedesmal die Brücken au gezogen werden, die in der Mitte teilbar waren übrigens ein herrlicher Entschuldigungsgrund aller Danziger Kinder, wenn sie zu spät zur Schule kamen.

FRAUENTOR UND STERNWARTE – DAS KRANTOR
Laden und Löschen am »Langen Lauf« vor der Speicherinsel.

Oben links und unten: Speicher an der Hopfengasse. Wegen der Feuersgefahr durften die Waggons auf dem Anschlussgleisen nur mit Pferden verschoben werden. – Oben rechts: Vor dem Milchkannenturm und dem »Sahnekännchen« warten vier Schauerleute auf eine Gelegenheitsarbeit (= Schauchen). Der Danziger Volksmund nannte sie »Schauchenbrüder«. Zu ihnen zählten auch »Bollermann und Welutzke«.

SPÄTGOTISCHER SPEICHER in der Judengasse, genannt »Graue Gans«. Auf der Speicherinsel standen hunderte alter Backstein- und Fachwerkspeicher, die aus früheren Zeiten noch ihre Namen weiterführten, so etwa »Pelikan«, »Elephant«, »Milchmagd«, »Schmiedewarm«.

DIE MILCHKANNENGASSE, obwohl auch auf der Speicherinsel gelegen, wies nur noch ganz vereinzelt umgebaute alte Speicher auf. Alle anderen Gebäude waren zu neuzeitlichen Wohn- und Geschäftshäusern hergerichtet worden.

»Am BRAUSENDEN WASSER«, wo unterhalb des Schwanenturms die Radaune in die Mottlau mündete, lagen immer viele Kähne und Kutter. Für die in Wind und Wetter bei ihrer Ware ausharrenden Fischfrauen hielt der kleine Pavillon einen »Kaffee, Tasse 10 Pfennig« bereit. Machandel gab es dagegen nur in den eigentlichen Gasthäusern.

ı packt sie geruhsam eine fette Flunder beim Schwanz. Die Fischfrauen hat-
ı viel Humor, konnten aber auch saugrob werden. Dass das schon immer so
ır, beweist dies Bernsteinfigürchen aus der Zeit um 1600 aus dem Stadt-
ıseum. Die Alte hat die Hände in die Hüften gestemmt und schimpft lauthals!

Die Frauengasse mit dem Frauentor und der Sternwarte. – Der Chor der Marienkirche. – Eine der zahllosen Giebelfiguren. – Querhausgiebel von St. Marien, von den Dämmen aus gesehen. – Eine wie die andere dieser Ansichten stellt das unvergessene Alt-Danzig dar, wie es leibt und lebt.

AUS DEM INNEREN DER MARIENKIRCHE

Südliches Seitenschiff, Blick nach Osten. – Die Astronomische Uhr, 1481 von Düringer erbaut. Der Sage nach wurde der Meister geblendet, als bekannt wurde, dass er für Lübeck eine ähnliche Wunderuhr erschaffen wollte. Unter dem Vorwand, noch etwas am Uhrwerk verbessern zu wollen, erwirkte er sich die Erlaubnis, es noch einmal zu betreten. Dabei zerstörte er es für immer und stürzte sich selber ins Kirchenschiff hinunter, wo er zerschmettert liegenblieb. Daneben der »Barbara-Altar der Schuhknechte«, darüber das Epitaph eines ehemaligen Danziger Feldobristen.

Mittelschiff, Blick nach Westen auf die Große Orgel. – Blick aus dem nördlichen Querschiff in den Chor mit seinem prächtigen Hochaltar.

Die gewaltigen Pfeiler (links der Kanzelpfeiler), die die Spitzbogen und die reichen Stern- und Zellengewölbe tragen. – Grabfahne mit Bildnis eines Danziger Feldhauptmanns (17. Jh.). Danzig besaß damals eigene Truppen, darunter allein vier Infanterie-Regimenter. Etliche Obristen und Feldhauptleute gehörten zu den bekanntesten Offizieren des europäischen Kontinents und waren auch als Festungsfachleute außerhalb Danzigs sehr gesucht.

DAS »JÜNGSTE GERICHT«, ein berühmtes Altartriptychon Hans Memlings. Es wurde 1473 im Kriege Danzigs gegen England von dem Danziger Seehelden Paul Beneke auf einer gekaperten Galeide erbeutet und der Marienkirche geschenkt, als deren größtes Kleinod es seitdem immer angesehen worden ist.

Die »Schöne Madonna« der Reinholdskapelle der Marienkirche, eine um 1425 entstandene und sehr berühmte Kalksteinplastik, ist die weitaus lieblichste aller Madonnen dieses Typs, der von Böhmen (Krumau) und Schlesien (Breslau) aus über das Weichselland (Thorn) an die Ostseeküste gelangte und sich bald überallhin verbreitete.

Spätgotische Backsteinhäuser am Pfarrhof von St. Marien. – Häusergiebel in der Jopengasse. – Heilige-Geist-Gasse 114, das Geburtshaus des bekannten Philosophen Arthur Schopenhauer.

DIE DANZIGER BEISCHLÄGE trugen nach der Straße zu mitunter kunstvolle schmiedeeiserne Gitter, weitaus öfter aber noch steinerne Brüstungen mit anschaulichen Darstellungen allegorischer, biblischer oder mythologischer Art, so etwa (links oben) »Der Winter« und »Ruhende Diana« (rechts oben).

Auch in einigen alten Dielen befanden sich vorzügliche Steinmetzarbeiten, so z. B. diese Pilaster aus dem Jahre 1589 (rechts oben). Auf den Trennwänden zwischen den Beschlägen endeten die Regenröhren und liefen waagerecht in mehr oder weniger kunstreiche steinerne Delphinköpfe aus, die als »Wasserspeier« den Regen aus ihren weit geöffneten Mäulern in die Gosse entließen. – Rechts, Mitte: Beischläge der Frauengasse. – Rechts unten: Beischläge in der Heiligen-Geist-Gasse.

Am Treppenaufgang befanden sich oft Kugeln aus Granit oder steinerne Pfosten, die Ornamente im Zeitstil oder auch Jahreszahlen aufwiesen. (Links unten: Pfosten aus dem 18. Jahrhundert).

Das von Meister Anthony van Obbergen 1605 vollendete Zeughaus, ein Meisterwerk des Frühbarocks.

Die Prunkfassade nach der Jopengasse, Teil der Rückfront am Kohlenmarkt und Eingang zum Zeughausdurchgang, in dessen weiten Gewölben sich eine Reihe sehr geschmackvoller Läden befand.

)as zu Anfang des 19. Jahr-
underts im klassizistischen
til erbaute Stadt- und späte-
: Staatstheater am Kohlen-
narkt (rechts oben). Es hat
nen wie außen mancherlei
Imbauten und Verbesserun-
en erfahren. Das hinderte
ber die Danziger nicht dar-
n, es respektlos und doch
ebevoll als die »gute alte
affeemühle« zu bezeich-
en. Sehr bedeutende Schau-
pieler und Sänger haben
ier gewirkt.

n Luftbild (rechts Mitte) er-
ennt man es wieder und
eht auch den Holzmarkt, in
en sechs Straßen einmünde-
n und in dessen Mitte der
ohe Obelisk des Krieger-
enkmals stand, wie ihn die
ntere Aufnahme zeigt. Im
intergrund ragt der charak-
ristische Glockenturm der
atherinenkirche.

Blick aus der Häkergasse auf einige spätbarocke Giebelhäuser und den Turm der Johanniskirche mit dem vergoldeten Zifferblatt. Dort oben war übrigens noch das uralte Türmchenstübchen erhalten, von wo aus der Türmer dann seinen Rundgang machte und in alle vier Himmelsrichtungen zu vorgeschriebenen Stunden »ein geistlich Lied« blasen musste.

Von ganz besonderem Reiz waren die vielen Gässchen und Winkel der Altstadt, so zum Beispiel der Pfarrhof der Johanniskirche, gesehen von der Neunaugengasse aus, die vor den beiden alten Torbogen liegt.

DIE JOHANNISKIRCHE, die wir hier in der Morgensonne über Giebeln und Dächern aufragen sehen, barg viele Kunstschätze, die wie meist in den alten Kirchen »ad majorem Dei glorriam« – zur Erhöhung von Gottes Ruhm – von frommen Mitbürgern gestiftet waren, so etwa eine von Zacharias Zapp verehrte Taufe mit prächtigem Messinggitter und der Prospekt der Großen Orgel, ein Prachtstück überreicher Schnitzarbeit im sogenannten Knorpel- und Ohrmuschelstil, der in Danzig um (etwa) 1640 zur vollen Ausprägung gelangt war.
Von den Abendmahlsgeräten sehen wir hier Kelche und eine besonders schöne getriebene Weinkanne aus vergoldetem Silber (17. Jahrhundert).

Westfront der Katharinenkirche und Giebel der Großen Mühle. – Die drei Pfarrhäuser von St. Katharinen. – Blick durch Malergasse auf Birgittenkirche. – Altes Ehepaar in einer Haustür am Nonnenhof.

Katharinenkirche und Schwäne auf der Radaune. – Das Gewerkshaus der Altstädtischen Müller. – Die schon 1350 vom Deutschen Ritterorden erbaute Große Mühle, die bis 1945 immer noch in Betrieb war.

ÜBER GIEBELN UND GASSEN

Es war ein Erlebnis, vom Turm der Katharinenkirche hinabzublicken (rechts) auf das Treiben in den Gassen und Höfen, auf den alten Wachtturm Kiek in de Kök und die Nikolaikirche, in der Ferne St. Marien aufragen zu sehen und dahinter noch manches andere Gotteshaus.

Aber von nicht geringerem Reiz war der Blick unmittelbar über die Giebel und Dächer. Es gab noch immer gotische Treppengiebel, aber die Mehrzahl stammte aus der Zeit vom Frühbarock (oben links) bis zum Rokoko. Und sehr viele trugen als Bekrönung Steinplastiken. Das waren antike Götter und Halbgötter, Engel, Ritter und zahlreiche Tiergestalten. Über all die Giebel hinweg erhoben sich immer wieder irgendwo die vielen Kirchen, auch die den Fremden kaum bekannten, wie etwa St. Bartholomäi, Birgitten und Heilig-Leichnam, die Barbara-, Petri-, Trinitatis- und Salvatorkirche. Hier oben hörte man auch besonders rein und klar die Glockenspiele von »Sankathrinen«, wie sie allgemein im Volksmund hieß, und dem Rechtsstädtischen Rathaus, von hier aus lauschte man auch am Sonnabend vor dem ersten Advent den hellen Posaunen, die vorweihnachtliche Choräle in alle vier Winde sandten.

Die vielen Versuche um die Jahrhundertwende, moderne Bauten dem Stil der bodenständigen Renaissance anzugleichen, waren gewiss misslich, aber beim Hauptbahnhof in Danzig kann man wenigstens von einer immerhin einigermaßen geglückten Lösung wohl sprechen.

Das Luftbild unten, über der Stadtmitte aufgenommen, lässt im Hintergrunde deutlich die Steilküste von Adlershorst erkennen, beweist also, wie nahe Danzig an der See liegt und wie berechtigt sich die Danziger in jeder Weise als echte »Wasserratten« fühlen durften.

Ein Hochseeschlepper bugsiert zur Winterzeit einen Frachter durch das Treibeis des Hafens an der Holminsel. – Der imposante Hammerkran der Schichauwerft, der 250 t hob, davor der einst auf dieser Werft für den Norddeutschen Lloyd in Bremen gebaute, 32 500 BRT große Schnelldampfer »Columbus«.

Der bei Schichau vom Stapel gelaufene Dampfer »Dithmarschen« erhält seine Ausrüstung.

Dort, wo einst die Weichsel in die Ostsee einmündete, liegt die kleine Festung Weichselmünde, vom Hafenkanal aus wie ein Idyll anzusehen. Aber sie hat schon im Jahre 1577, als der Polenkönig Stephan Bathory Danzig und auch diese Feste belagerte, erfolgreich Widerstand geleistet, so dass der Feind unverrichteter Sache wieder abziehen musste.

Im Luftbild wirkt sie noch unscheinbarer. Deshalb war sie schon im vorigen Jahrhundert und bis zum Ersten Weltkrieg nur noch zur Aufnahme von Offizieren und Zivilpersonen bestimmt, die zu ehrenvoller Festungshaft verurteilt waren. Diese Häftlinge, darunter auch der Danziger Dichter und Maler Robert Reinick, hatten ihre Zellen in den kreisförmig um den Turm gruppierten Giebelhäuschen, sie erhielten auch Stadturlaub auf Ehrenwort. In den Gräben vor der Feste lagen die Segelyachten.

Der griechische Dampfer »Kyna« im Freibezirk, dahinter die Türme der Kirche von Neufahrwasser, ein bekanntes Wahrzeichen für alle Schiffe, die sich Danzig von der Ostsee her näherten.

Der infolge Abschwemmung durch die Brandung immer schmaler gewordene Strand der Westerplatte mit dem Signalmast zur Rettung Schiffbrüchiger. Im Hintergrund die Ostmole und die bewaldeten Höhen von Oliva und Zoppot, die sich bis Adlershorst hinziehen. Die Aufnahme entstammt der Zeit kurz nach dem Ersten Weltkrieg, wo das einstige fröhliche Badeleben nicht mehr wiederkehren wollte. Bald darauf wurde die ganze Westerplatte den Polen zur Errichtung eines Munitionshafenbeckens zugesprochen, eine ständige Gefahr für Neufahrwasser. In den ersten Septembertagen 1939 wurde dies einstige Paradies see- und sonnetrunkener Danziger Jugend Kriegsschauplatz.

Vom Fang heimkehrende Fischer nahe bei Brösen.

Botte der Kleinfischer am breiten abendlichen Weichseldurchbruch bei Neufähr.

Zwei »Alterchen« spinnen im aufgelandeten Boot einen Stremel Seemannsgarn. Lustig flattern dabei die Flaggen der Stehder, die auf See den Stand der ausgelegten Netze bezeichnen, im Winde. – Zwei Glettkauer Fischer rüsten schon wieder zur Ausfahrt. Wünschen wir ihnen einen glücklichen Fang.

So sahen die echten alten Fischerhäuser der Danziger Binnennehrung aus: Es waren strohgedeckte Schurzbohlenhäuschen, meist geteert und an den Kanten, Türen und Fenstern bunt bemalt. Im Innern besaßen noch einige die »Schwarze Küche«, in die Sonne, Mond und Sterne hineinschienen, aber die Stuben waren sehr sauber und freundlich eingerichtet. Meist waren die Häuser von Gärtchen umgeben.

WELTBAD ZOPPOT

Dies Bild, vor dem Nordbad aufgenommen, vermittelt besonders gut die Badefreuden am Zoppoter Strand. Die Erwachsenen lassen sich nach dem Baden braun brennen oder ruhen im rotweißen Strandkorb. Die Kinder bauen sich Strandburgen oder fangen »Stuchel«, die sie in wassergefüllten »Kaulchen« schwimmen lassen, bis die nächste größere Brandungswelle sie widerstandslos zurückholt in die tiefe See.

Die Seestraße mit der Erlöserkirche im Hintergrund. – Das viel benutzte Warmbad. – Die einladende Vorhalle des Kurhauses an der Nordseite.

Ausschnitt des großen Seestegs, des längsten in ganz Europa. – Segelboot, im Hintergrund das Kasino-Hotel. – Strandkörbe vor dem Kasino-Hotel, um sie herum überall Sandburgen an Sandburgen.

Rückseite des Kasino-Hotels an der Nordstraße. – Zur Unterrichtung: Nicht in diesem Hotel, sondern in ganz besonderen Räumen des Kurhauses befand sich das Kasino, in dem Roulette, Boule und Baccarat gespielt wurde.

Das Kurhaus von der Seeseite, davor der große Springbrunnen, der abends in allen Farben erstrahlte und die vielen Kurgäste erfreute.

Blick vom »Wellenbrecher« des Seestegs landeinwärts. – Auf der Tanzdiele des Kasino-Hotels.

Die Wagner-Opern »Lohengrien« und »Die Meistersinger« auf der Freilichtbühne der Zoppoter Waldoper.

Blick von den bewaldeten Höhen Zoppots aus auf die malerische Danziger Bucht. – Der Badestrand bei Adlershorst. Von hier an ostwärts bis Kahlberg und darüber hinaus reiht sich ein Seebad ans andere, vom modernen Weltbad Zoppot bis zu friedvollen Fischerdörfern, die wirklich der Stille und der Einsamkeit bedürftigen Großstädtern wahren Frieden »am Strande des ewig rauschenden Meeres« zu schenken vermochten.

Das einstige Fischerdorf Gdingen wurde von 1924 an von den Polen mit ausländischem Kapita zu einem großen Konkurrenzhafen für Danzig ausgebaut, obwohl Danzig ja durch den Versailler Vertrag gerad deshalb vom Reiche losgerissen worden war, um Polen »einen freien und gesicherten Zugang zum Meer zu schaffen«.

Das völlig fremde, amerikanisierende Antlit Gdingens, das nach de Angliederung Westpreußens im Jahre 193 den Namen Gotenhafen erhielt, weil das Land in germanischer Frühzei einst von Goten bewohnt gewesen ist.

Kathedrale, Evangelische Kirche und Luftbil Olivas.

)ben links:
)liva, Schloss, Landesmuseum für west-
ɔreußische Geschichte, daneben die oft be-
ıuchte Kathedrale.

ıuftbild unten: Schloss und ehemaliges Kloster.

ƙronprinz Wilhelm als Kommandeur an der
Spitze des 1. Leibhusaren-Regiments Nr. 1, das
iele Jahre hindurch in Danzig-Langfuhr in
Garnison lag.

Generalfeldmarschall von Hindenburg und
Generalfeldmarschall von Mackensen, der
Vater der Leibhusaren«. Beide waren Ehren-
ɔürger von Danzig.

Portal der 1905 erbauten Technischen Hochschule in Danzig-Langfuhr, Hauptverwaltungsgebäude.

Luftbilder auf der rechten Seite: Oben das idyllisch im Langfuhrer Wald gelegene Jäschkental. Unten die Gesamtanlage der weithin bekannten Technischen Hochschule in Danzig-Langfuhr.

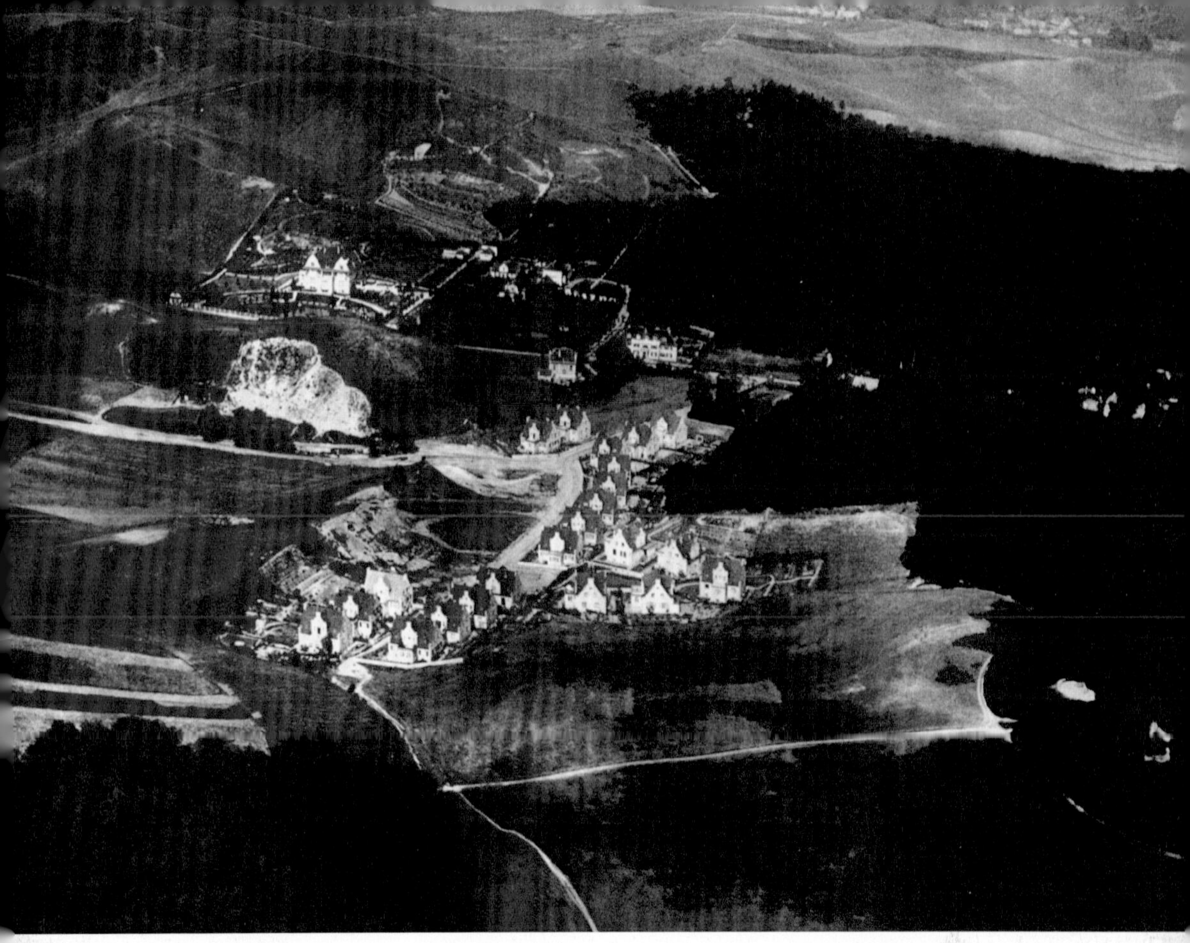

Luftbilder: Die Helene-Lange-Schule und das Städtische Krankenhaus, dahinter der große Heinrich-Ehlers-Sportplatz.

Der Giebel der Trinitatiskirche und das alte Kanzelhaus. – Pfarr- und Küsterhauser in der Trinitatiskirchengasse. – Der Poggenpfuhl mit der Petrikirche.

Der reiche Ostgiebel der Trinitatiskirche, davor die Annenkapelle und, links, nochmals das kleine Kanzelhaus.

Neben der Trinitatiskirche lag das 1558 gegründete Danziger Akademische Gymnasium. Daher befinden sich in der Kirche viele Epitaphien und Bilder ehemaliger Dozenten dieses Gymnasiums. Hier das Grabmal des Professors Samuel Schelwig, eines Theologen.

Oben einer der typischen Danziger Blaker aus der Kirche mit biblischen Szenen in Messingtreibarbeit (1670).

Das Leegetor, das den Zugang Danzigs von der Niederung her bildet. (Leege bedeutet nieder). An der alten Steinschleuse, die bald nach dem Jahre 1600 erbaut worden ist.

Reich ausgestaltete Fachwerkgiebel von Vorlaubenhäusern in Gottswalde und Trautenau.

Ein Windschöpfwerk in Schöneberg an der Weichsel, eine Holländermühle in Palschau und eine Bockmühle aus der Danziger Niederung. – Unten sehen wir das Wurfrad eines Schöpfwerks in Tätigkeit. Schon seit der Zeit des Deutschen Ritterordens hatten die Windschöpfwerke – es gab übrigens auch Rossschöpfwerke – das unter dem Meeresspiegel liegende weite und fruchtbare Werderland zu entwässern.

Idyllische Einsamkeit an der Tiege.

Zum Abschied blicken wir noch einmal von der Katharinenkirche über St. Johann hinweg auf Danzig hinunter, auf den schimmernden Spiegel der Mottlau, die flussabwärts in die Weichsel mündet, und wir ahnen in der Ferne die Ostsee.
Unvergessene alte Stadt zwischen Wasserkant', Werderland und Höhenrand, du wunderbare »Kron' in Preußen« und unser »nordisches Venedig«, – wir grüßen dich aus unserer Zerstreuung in alle Welt, deine Söhne und Töchter, deine Freunde und Verehrer. Dein einzigschönes Bild bewahren wir in unserem Herzen. Gott segne dich und uns!

1609

MARTIN KAKIES

ALTE HEIMAT
Stettin

Du mußt es mir schon erlauben, meine verehrte junge Freundin, daß ich die Augen schließe, wenn ich Dir das Märchen von der hochgebauten Wunderstadt erzählen soll, das ich Dir schon so oft versprochen habe. Wenn ich die Gedanken sammeln und dieser versunkenen Stadt gedenken will, so verwirren mich die Bilder Eurer westlichen Welt, und gerade auch die Eindrücke der heutigen, so rasch und so gründlich veränderten Umwelt lassen es nur schwer zu, sich des Damals so recht genau zu erinnern. Und auch Ihr westlichen Menschen seid so anders in Eurem Wesen, — so viel bestimmter, so viel sachlicher, heiterer, — daß ich zu meiner Erzählung erst wieder jenen Schimmer von Schwermut spüren muß, der über uns Menschen und unserem Lande dämmerte, ehe ich so recht an das Erzählen herangehen kann. Ja, wir waren eben doch wohl schon rechter Osten, wenn auch Stettin, in der Ost-West-Richtung gemessen, erst gerade des Reiches Mitte war!

Fängt mein Märchen schon da an, wo sich das erste schwache Licht der Vorgeschichte über dem weiten Odertal erkennen läßt? Und geht die schicksalhafte Verbindung vielleicht gerade von dieser bedrückenden Weite aus, dergestalt nämlich, daß die von Norden zugewanderten germanischen Stämme eben diese leise Schwermut der Landschaft nicht ertragen konnten und darum nach Westen und Süden abwanderten, — auf der Flucht gleichsam vor dem Lande, das ihrem Wesen fremd blieb? Sie, die so geartet gewesen sein mögen, wie Ihr Westdeutschen es heute noch seid?

Und sicher spann sich der Faden des Geschehens so weiter: die aus dem Osten schüchtern nachdrängenden Wenden, die Pomoranen, fühlten sich heimischer in der sumpfigen Ebene, an den Wiesenufern des großen Stromes. Sie brachten die Schwermut in der eigenen Brust mit aus dem großen Osten, und sie siedelten dürftig und ackerten und fischten, so gut sie es verstanden, und sie liebten dieses Land und verteidigten es bis aufs Blut gegen die nachdrängenden Polen, ihre Vettern und Widersacher! Hier oben, auf unserem hohen Ufer, das jetzt unsere Stadt Stettin trug, legten die Pomoranen eine große Fliehburg an, die das Heiligtum des dreiköpfigen Triglaff barg, und hier residierte ihr stärkster Stammesfürst, der Herr vom Greifenhause. O weh, was hat der Ort damals für Blut fließen sehen, wenn die Polen ins Land einbrachen und alles umher erschlugen! Aber immer nur kurze Zeit glückte es den Begehrlichen, den Platz an der Oder zu halten. Man sollte nicht glauben, welche Kraft die Pomoranen aufbrachten, um sich immer wieder freizukämpfen!

Und dann ging es einen gewaltigen Schritt weiter: einer der Herren vom Greifenhaus mit dem Märchennamen Barnim hatte einen langen Blick über den Zaun getan nach Westen in das Reich der Deutschen, in das Reich des mächtigen Kaisers. Und er hatte hierbei, wie wir heute sagen würden, fleißig Volkswirtschaft studiert und zugleich Wehrwissenschaft betrieben: er rief die Deutschen als Siedler ins Land, hieß sie Klöster und Dörfer und Städte gründen, um den Wohlstand des Landes — und seines herzoglichen Säckels natürlich — zu heben, und um zugleich durch ihre kraftvolle Volksmenge und die festen Städte die Abwehr gegen die Polen sicherzustellen. Übrigens auch gegen die Dänen, die von Norden her ebenso begehrlich nach der Odermündung und dem von ihnen Borstaborg genannten festen Platz Stettin schielten.

Natürlich hatte die Kirche auch ein Wort, und zwar das zeitlich erste, mitzureden: Bischof Otto von Bamberg hatte in zwei Reisen 1124 und 1127/28 in Pommern und Stettin das Christentum gepredigt. Es waren sicher aufregende Tage für die Stettiner, als er die berühmte Holzstatue des dreiköpfigen Triglaff vor ihren Augen zu zertrümmern wagte, ohne daß ihm auch nur ein Haar gekrümmt wurde!

Welch ein Glück, daß sie schließlich die neue Lehre annahmen und auch nicht wegliefen, als die deutschen Siedler den Raum zu füllen begannen. So konnte sich aus beiden Völkern im Laufe der Zeit in friedlichem Nebeneinander und Miteinander der neue Stamm der deutschen Pommern heranbilden, fest verwurzelt in diesem Lande, mit seinen Eigenheiten vertraut und in seinen Boden verkrallt und verwachsen, wie eh und je irgendein anderes Volk in seinen urangestammten Boden.

So also, meine junge Freundin, fängt eigentlich mein Märchen von der hochgebauten Wunderstadt an, das ich Dir erzählen will. Es war einmal vor vielen, vielen Jahren, da knarrten die Achsen und die Peitschen knallten und die Fuhrmänner fluchten oder sangen, je nach der Beschaffenheit des Weges, der vom Rhein und aus Westfalen und aus dem Lande der Niedersachsen und aus jenen Gefilden, die später die Mark und das Anhaltische hießen, zur Oder führten. Die Kaufleute, Ackerbürger, Handwerker, die mit Weibern und Kindern und Knechten und dem ganzen Gesinde auf den Planwagen daherrumpelten, hatten genug zu grübeln und zu grämen, ob es auch richtig war, dem Rufe des Werbers zu folgen, um an der Oder im Pomoranenlande ihr Haus zu bauen und Wälle und Mauern zu errichten und an diesem Flusse, den keiner von ihnen je gesehen hatte, die Kaufmannschaft zu betreiben oder den Acker zu furchen und das mitgeführte heimische Saatgut der fremden Erde anzuvertrauen. Aber wenig später war keine Zeit mehr zum Grübeln und auch kein Anlaß mehr zum Grämen: die Häuser wuchsen und das Korn blühte und der Handel breitete sich aus. Und das junge Geschlecht wuchs heran und nannte Heimat, was die Alten Fremde geheißen hatten. Und man schuf sich Einrichtungen nach dem Muster der alten Urlande im fernen Westen: man baute Rathaus und Kirche, Türme und Tore, Wälle und Brustwehren. Denke nur, wie frühe dies dort hinten im fernen Lande schon geschah: 1187, so ist überliefert, ging man an den Bau der Jakobikirche heran, just an derselben Stelle, an der heute noch die Reste unserer schönen Hauptkirche im Trümmermeer der versunkenen Stadt einsam trauern. Der Bau der größten Kathedrale des Westens, des heiligen Kölner Domes, begann erst 1248, und zu der Zeit, als man in Köln an diese Arbeit heranging, war auch Stettin schon verbrieft und versiegelt als eine deutsche Stadt: 1243 verlieh der Pommernherzog Barnim I. der Stadt Stettin das Magdeburgische Stadtrecht. Und dieser Herzog selbst war inzwischen längst kein wendischer Fürst mehr, sondern ein deutscher: 1181 waren die Greifenherzöge gen Lübeck in ein Heerlager des alten Barbarossa geritten und hatten sich als Reichsfürsten aufnehmen lassen und ihr Land vom deutschen Kaiser zu Lehen empfangen.

Unsere junge Stadt machte inzwischen schon weithin von sich reden mit ihrem Handel und Wandel. Natürlich ging es nicht immer so geradewegs mit ihrer Entwicklung. Denke Dir nur, daß dies Stettin, von dem meine Geschichte handelt, zeitweise aus drei selbständigen Städten bestand: die eine in der Tiefe am Strom, neben der wendischen Ursiedlung, mit der Frauenstraße als Längsachse und Hack und Hagenstraße als Begrenzung nach Nord und Süd, die andere, mehr die der Ackerbürger, um die Jakobikirche herum mit der Breiten Straße und dem Rosengarten den Berg hinunter gelagert, breit und gartenreich angelegt, und zwischen ihnen um den Roßmarkt herum, mit den beiden Domstraßen und der Marienkirche die dritte, die zum Herzog hielt und von ihm gefördert wurde.

Ja, der Herzog! Das war ein schlimmes Kapitel für die Stettiner! Zwar gab er der Stadt manche wertvollen Privilegien, aber er nahm sie auch wieder, wenn er mächtig war und es ihm in den Kram paßte! Es war ein langes Hin und Her, bei dem es bald dem Herzog schlecht ging — einmal hatten sie ihn soweit, daß er sich feierlich verpflichtete, in der Stadt kein »festes Haus« zu bauen —, bald aber die Bürger wieder einmal die harte Hand eines regierenden Herren zu spüren bekamen. So ist es schließlich doch zum Bau des Schlosses gekommen, das noch bis auf unsere Tage stand. Und — so sehr arg scheint die Feindschaft auch gar nicht gewesen zu sein, denn stolz trugen die Pommern den Greif im Wappen, der ja seit dem Spruch Barbarossas ein deutscher Vogel und ein Vetter des alten Reichsadlers geworden war, und vornehmlich die Stettiner wählten sich schon früh den Kopf des Greifen als Wappenbild, — weil ihre Stadt ja die Hauptstadt war und damit der Kopf des Landes.

Und nun kannst Du den Fortgang meiner Geschichte schon fast aus unseren Bildern ablesen. Die Hansezeit kommt herauf, und auch Stettin gliedert sich dem Bunde ein, — freilich, der mißtrauische Landesherr dämpft den Eifer eines ehrbaren Rates und der Gilden und Gewerbe immer wieder, so daß Stettin neben Lübeck und Stralsund nicht die Rolle spielen konnte, die ihm vielleicht zugekommen wäre. Aber der Handel blühte, und der Hering wurde goldschwer für die Stettiner. Auch sie fuhren nach Bergen und Schonen und Falsterbo, hatten dort ihre Vitten und kehrten mit Schiffsladungen gesalzener Beute heim. Betrachte einmal die Hansekogge auf dem alten Reliefstein aus dem »Seglerhause«. Du wirst den stolzen Geist der seefahrenden Kaufleute, der Segler also, wie sie in Stettin hießen, spüren. Übrigens ist darauf auch das Wappen der zweiten Hauptgilde der Stadt erhalten: das der Gewandschneider mit Elle und Schneidemesser. Auch dieser bis auf unsere Tage wichtige Geschäftszweig (Stettiner Konfektion!) hat also schon in früher Zeit seine Wurzeln. Und nun blättere noch einmal zurück und betrachte Dir das andere kleine Textbild: Du siehst die Bedeutung des Herings für die Stadt in einem alten Schnitzwerk am Kaufmannsgestühl der Jakobikirche festgehalten, der berühmten Madonna mit den drei Heringen. Wie oft mögen die Stettiner unter ihrem Schutz um große Fänge gebetet haben! Und wie getreulich hat sie bis auf unsere Tage geholfen! Denn der Hering – Du siehst es weiter vorn im Bild – war für Stettin immer noch so wichtig wie die Luft und das Wasser und die Sonne.

Und nun blättere nur weiter in unseren Bildern. Da findest Du das Herzogschloß mit seinen Türmen, Höfen und Durchblicken, mit dem Inneren seiner schönen Schloßkirche, dem alten Remter Bogislavs X. und der seltsamen Uhr, die weit älter ist, als die von Erneuerungen stammenden Jahreszahlen verraten. Der Mohr – oder Löwe? – rollte die Sekunden mit den weiß schimmernden Augen, und der Harlekin zu seinen Häupten schlug die Stunden und Halb- und Viertelstunden mit seinen steifen Armen und dem beständig grinsenden Angesicht Jahrhunderte hindurch, durch alle Zeiten dieser schönen Stadt...

Ja, eine schöne Stadt muß Stettin im Mittelalter gewesen sein. Reisende rühmen besonders das feingebaute Rathaus mit gotischer Zierfassade und vielen Türmchen. Nichts davon kam auf unsere Zeit. Das Rathaus hatte später eine langweilige Barockfassade erhalten. Du siehst aber noch den alten, wundersam gewölbten Keller, der von einstiger Bürgerherrlichkeit träumt. Du magst Dir dazu vorstellen, was die guten Stettiner zu allen Zeiten für Schleckerer und Leckerer gewesen sind, wenn sie ihren Ratsweinkeller so trefflich ausgestattet hatten! Rotwein brachten die Stettiner Schiffe immer mit von ihren Reisen. Und auch manche Tonne Sundisches und Barthsches Bier ist hier angezapft worden, – hier oder auf dem Seglerhause schräg gegenüber, wo heute die Börse stand. Oder auch in den Bürgerhäusern. Und schon auf den Speichern, von denen Du noch viele im Bilde siehst, mag manche leckere Probe gehalten sein! Einmal ist es sogar zu einer richtigen Revolution um den Bierpreis gekommen, die mit Mord und Totschlag endete. »Wat, wat? Schöle wy nu twe Kickerlings Beer drincken?«, so ist der Wutschrei der empörten Menge in einem Flugblatt überliefert, und der arme Stadtdiener Lorenz mußte für die Bierliebe seiner Landsleute sein Leben lassen.

Sieh Dir auch das Bild vom Loitzenhof an und denke, daß hier einst ein Kaufmannsgeschlecht wirkte, das fast mit den Fuggern in Augsburg verglichen werden kann: das der Loitze. Sie betrieben ein Bankhaus mit weitreichendem Einfluß, und ihr plötzlicher Bankrott im Jahre 1572 zog Fürsten und Adel und Bürgertum tief mit hinein in die Katastrophe.

Nein, es ging nicht immer friedlich zu im alten Stettin. Aber schlimm wurde es erst, als der letzte Herzog, Bogislav XIV., im Jahre 1637 ohne Erben dahinstarb, gerade in einer Zeit, als der Schwede seine Hand auf Pommern gelegt hatte und der große Krieg seine feurige Spur durch Norddeutschland hindurchzog. Wie hatten die Stettiner ihren Herzog betrauert! Gleich als hätten sie geahnt, daß nun ihre Leidenszeit begann. Der Brandenburger hatte verbriefte Erbansprüche, der Schwede aber erhielt das Land westlich der Oder mit Stettin durch den Westfälischen Frieden. Das konnte nicht gut gehen! Diese Grenzziehung – ein Vorläufer fast der Oder-Neiße-Linie! – war widernatürlich, und der Brandenburger, der Große Kurfürst, konnte es nicht verwinden, daß sein Land den wichtigen Weg zum Meere nicht haben sollte. Und so zog er mit schwerstem Geschütz vor die Stadt und schoß sie unbarmherzig in Grund und Boden. Dies geschah im Jahre 1677. Damals ging Stettins mittelalterliche Schönheit ganz und gar zugrunde.

So grausam geht es gar oft im Märchen, wie auch im Leben zu: ihr bester Freund mußte ihr am meisten wehe tun! Und das allerschlimmste an der Sache war: er mußte die Stadt doch wieder herausgeben! So blieb es bei der »Oderlinie«: rechts der Oder Brandenburg, links der Oder mit Stettin Schweden. Erst sein Enkel, König Friedrich Wilhelm I., konnte das Land zwischen Oder und Peene von den Schweden kaufen, die inzwischen der Großmachtpolitik müde geworden waren. Und so sehr wußte dieser kluge Fürst die Bedeutung Stettins zu schätzen, daß er, der sonst so Sparsame, der Stadt zwei Prachttore schenkte, das Berliner und das Königstor. Am Feldgiebel des Berliner Tores ist in lateinischer Inschrift zu lesen, daß er das Land in gerechten Verträgen für einen gerechten Preis von den Schweden gekauft habe. Das Tor ist übrigens stehengeblieben.

Und von da an – 1719/20 – und unter dem Sohne des Königs, dem Alten Fritz, nahm Stettins Entwicklung einen steilen Aufstieg. Erst jetzt begann die verkehrsgünstige Lage sich ganz auszuwirken, die Lage an dem großen Strom, der die Seeschiffahrt bis tief in das Land hinein erlaubte, und zugleich an dem nördlichsten Straßenübergang über das Flußdelta auf dem schon 1346 von den Stettinern angelegten Damm, an dessen östlichem Brückenkopf die kleine Stadt Altdamm lag und liegt. Jetzt nahmen in Stettin Manufakturen und Industrien ihren Standort, und ganze Flotten von Segelschiffen befuhren von hier aus alle Meere.

Findest Du nicht auch, daß mein Märchen gar nicht mehr wie ein Märchen klingt, sondern wie nüchterne Gegenwart, in die wir nun allmählich hineingeraten? In der Tat, es wird immer nüchterner, wenn ich nun erzähle, daß nur noch die Aufhebung des Festungsstatus' im Jahre 1873 zu erfolgen brauchte, um Stettin wirklich den Weg zum Großhafen und zur Großstadt freizumachen. Jetzt endlich konnte die Stadt tief Luft holen und sich über den einengenden Festungsgürtel hinaus den Lebensraum eratmen, den sie so dringend schon längst gebraucht hätte! Das war die Geburtsstunde für ein neues, schönes Stettin, für die Stadt breiter Straßen mit grünen Bäumen und würdigen Promenaden, die nun wieder von den Reisenden bald gerühmt wurde als – die Stadt im Grünen. Und so blieb nun der Charakter Stettins: das Alte war fast restlos durch die Zeit- und Kriegsläufte vernichtet, und so mußte die Stadt immer modern sein, immer mitgehen mit der Entwicklung. Die Stadt des Seehandels wurde langsam in gleicher Rangordnung zur großen Industriestadt. Wo Erz von Schweden und Kohle von Schlesien sich begegneten, war der geeignete Standort selbst für Eisenverhüttung, und wo die Sojabohne in größten Seeschiffen direkt aus dem Fernen Osten hinschwimmen konnte, mußten geradezu Ölmühlen entstehen. Und so war es mit der chemischen Industrie, der Zuckerfabrik, den Zementwerken, den Ziegeleien, der gewaltigen Papierfabrik Feldmühle, der das Papierholz auf dem billigen Wasserwege von den finnischen und schwedischen Wäldern her zuschwamm. Daß die Werften, vor allem Jahrzehnte hindurch der »Vulkan«, den Ruf Stettins in alle Welt hinaustrugen, ist weithin noch heute bekannt. Und daß das Getreide aus den Kornkammern der östlichen Provinzen, das hier seit eh und je die Speicher füllte, immer modernere und größere Siloanlagen und Umschlageinrichtungen verlangte, wirst Du aus unseren Bildern erkennen. Das Halmgold des pommerschen Ackers schuf durch alle Jahrhunderte so manchem Stettiner Kaufmannshaus seinen goldenen Boden.

Du mußt Dir dieses breite Odertal zu Füßen der Stadt einmal aufmerksam betrachten, um zu ermessen, wieviel Raum für immer neue Hafenbecken mit Industriegelände und Umschlagseinrichtungen dort gewonnen werden konnte! Ganz neue Flußläufe wurden durch das Land gezogen, immer neue Kaianlagen fraßen sich in die Wiesen hinein, und die Bagger standen Jahrzehnte hindurch nicht still, um die Zufahrt immer tiefer auszubaggern, so daß größte Seeschiffe bequem an die Kais gelangen konnten. Speicher und Schuppen entstanden, auf Hunderttausenden von Pfählen errichtet, die in Europa nicht ihresgleichen fanden. Kohlenwaggons wurden durch sinnreich erdachte Anlagen kurzerhand schräg in das Seeschiff hinein ausgekippt, und die großen Erzbrücken löschten die schwere Fracht aus Lulea oder Narvik in erstaunlich kurzer Zeit direkt in den Waggon hinein.

Du findest dies neue, schöne, fleißige Stettin in unseren Bildern wieder. Du siehst auch, wie es die Bürger dieser Stadt so gut hatten: wenige Kilometer nur trennten sie von den schönsten Wäldern, und das Wasser, ihre Lebensader, lockte zum Segeln, Rudern, Schwimmen. Auf dem Wasser glitt man nach Swinemünde, nach den Haffbädern, nach Rügen sogar, oder auch nur nach Gotzlow hinunter. Und der rege Sinn schuf nicht nur Sportstätten, sondern auch Stätten der Geisteskultur, wie das Stadttheater, das nicht eine Schöpfung eines Landesherrn oder städtischen Kulturbeamten ist, sondern von der Kaufmannschaft geschaffen wurde und erst später in den Besitz der Stadt überging. Oder sieh Dir das Museum auf der Hakenterrasse an: »Die Haus stifteten Stettiner Bürger«, steht bescheiden an seiner Front zu lesen. Es ist schon so: eine Stadt, die Heinrich George und Carl Ludwig Schleich, Anton Dohrn, Franz Kugler, Artur Brausewetter und viele andere Größen hervorgebracht hat, muß schon ein geistiges Klima von Format besessen haben. Die Nähe Berlins wirkte ohnehin nicht nur ansteckend, sondern auch anspornend.

Genug, es fehlt noch der Schluß des Märchens, der das, was eigentlich Geschichte heißen sollte, zum Märchen macht: Diese Stadt, hochgebaut am Abhänge des mächtigen Oderstromes, voll pulsenden Lebens und trächtig von Zukunftsaussichten, eine Stadt, die manches Wunderbare barg, und die ich darum in der Rückschau die hochgebaute Wunderstadt genannt habe, — sie ist untergegangen.

Damit ist mein Märchen zu Ende. Dir, meine Freundin, wollte ich es gern erzählen, denn das bleibt im Volke erhalten, was man den Müttern kommender Geschlechter erzählt. Gib es weiter an die, die sich einst des deutschen Erbes dort drüben in einer glücklicheren Stunde erinnern können, als sie uns heute beschieden ist!

Georg Vollbrecht

Blick auf den Turm der Schlosskirche durch die Große Ritterstraße.

Das Schloss der Pommernherzöge ist in der auf uns gekommenen Gestalt im Wesentlichen das Werk des Herzogs Johann Friedrich, der es unter Einbeziehung älterer Bestandteile insbesondere aus der Zeit Bogislavs X. (1454–1523) in den Jahren 1575–1577 im Stile der Italienischen Renaissance erneuern und erweitern ließ. – Oben: Blick in den sogenannten Münzhof. Der kunstsinnige Herzog Philipp II. (1573–1618) fügte die links sichtbaren Gebäude dem Schloss hinzu, die hauptsächlich der Unterbringung seiner Kunstschätze dienen sollten. Ein Wort dieses edlen Fürsten aus seinem 18. Lebensjahre kennzeichnet sein Wesen: (aus dem Lateinischen) »Solcherart ist mein Vergnügen: gute, erlesene Bücher, Bilder von Künstlerhand und alte Münzen aller Art zu sammeln, aus denen ich lerne, wie ich mich selbst bessern und der Allgemeinheit nützen kann.« – Rechts: Inneres der Schlosskirche (1577). Diese saalartige Predigtkirche war der älteste protestantische Kirchenbau Pommerns, der mit dem Stichkappengewölbe und der ringsumlaufenden, zweigeschossigen Empore an mitteldeutsche Vorbilder sich anlehnt. Der Schlosskirchenaltar ist ein Werk des Stettiner Hofmalers Giovanni Battista Perini aus Florenz.

Links: Durchgang vom Münzhof zum großen Schlosshof. – Büste des Großen Kurfürsten im Schlosshof. Die Büste schuf Ludwig Wichmann, Berlin, die Aufstellung geht auf einen Entwurf Schinkels zurück (1828). – Der Bogislavflügel mit Uhr- und Fangelturm. – Rechts: Eingang von der Pelzerstraße. An der Mauer: freigelegte spätgotische Vorhangbögen am Bogislavbau (etwa 1503). – Im großen Schlosshof.

Oben: Die alte Schlossuhr, die schon auf dem Stich von Merian 1652 angedeutet ist. Der Harlekin (links) schlug Stunden und Viertelstunden, der Mohr (rechts) rollte mit den Augen die Sekunden. – Unten: Der Bogislavremter, etwa 1503 entstanden, mit der Fülle der Deckenbalken und den reichen Kerbschnitzornamenten einer der schönsten profanen Innenräume Norddeutschlands aus dem späten Mittelalter. – Rechts: Der Dunzigkai war die älteste, aber doch stets modernisierte Hafenanlage außerhalb der mittelalterlichen Stadt. Im Hintergrund das Schloss mit dem weithin sichtbaren Turm der Schlosskirche.

POLLUX

Das städtische Museum und das Regierungsgebäude auf der Hakenterrasse. – Unten: Gesamtansicht der Anlage, die nach dem tatkräftigen Oberbürgermeister Haken benannt wurde (1878–1907).

Blick von der Hakenterrasse. – Oben: Nach Norden, mit dem Getreidespeicher und dem Dammschen See. – Mitte: nach Osten, mit den großen Passagierdampfern (Seedienst Ostpreußen, Rügendampfer, Finnlanddampfer). – Unten: Nach Süden, mit der Baumbrücke, dem Dampfschiffbollwerk, dem Terrassenhotel.

Sommerliche Freuden am Dampfschiffbollwerk. Überfahrt zu den Bootshäusern auf dem Bleichholm. – Planschbecken vor der Hakenterrasse.

Dampfer Rugard vor der Abfahrt nach Rügen. – Hafenrundfahrt an der Baumbrücke. – Flottenbesuch im Stettiner Hafen: Kreuzer »Karlsruhe« hat am Dampfschiffbollwerk festgemacht.

Links oben: Die Bootshäuser (»Triton« und »Sport-Germania«) im Winter. – Eisbrecher »Stettin«, der größte der Eisbrecherflotte der Industrie- und Handelskammer. Baujahr 1933. – Unten: Luftbild der Altstadt. Das Bollwerk zwischen Baum- und Hansabrücke, mit Fischbollwerk, Johanniskirche, Altem Rathaus, Neuem Rathaus, Börse, Jakobikirche. – Rechts: An der »Speicherseite«. – Oben: Blick auf die Hansabrücke. – Mitte: »Hulda« schleppt einen Gribeldampfer durch die Baumbrücke. – Unten: Verladung am Ippendampfer nach Greifswald, Stralsund, Anklam, Kolberg.

Oben: Alte Speicher in der Speicherstraße. – Unten: Blick auf die »Speicherstraße« vom Bollwerk aus. Die alten Speicher sind Reste aus Stettins Hansezeit. Durch Jahrhunderte dienten sie dem Großhandel und den Spediteuren als immer noch willkommener Lagerraum.

Auch auf der Stadtseite der Oder standen noch einige alte Speicher als Zeugen des mittelalterlichen Stettins. – Unten: Blick auf das Fischbollwerk. Das Herzogschloss und rechts die Hakenterrasse überragen das Häusermeer der Stadt als Symbole der alten und der neuen Zeit.

Fischdrebel und Verkaufsstände am Fischbollwerk. – Mitte: »Flundern! Flundern!« – Unten: »Matjeshering!«

Das Hauptzollamt. – Die Hansabrücke vom Hauptzollamt aus. – Blick vom Turm des Hauptzollamtes nach Norden.

Das Speditionsgewerbe war ein bedeutender Berufszweig der Hafenstadt. Hier hält ein Fernlastzug vor dem Bürohaus Leopold Ewald am Zimmerplatz. – Unten: Luftbild. Zwischen Oder und Parnitz lag das Speicher- und Bürohausviertel, die »Große Lastadie«. Man erkennt die Brücken (von links beg.): Eisenbahnbrücke, Hansabrücke, Baumbrücke.

Alte Häuser auf der Lastadie. Auf Befehl des Soldatenkönigs wurde jedes Haus mit der Soldatenstube im Giebel gebaut. – Unten: Blick von der Parnitzbrücke auf die Wallstraße mit der Gertraudkirche auf der Lastadie. Ein Frachter verholt mit Schlepperhilfe an einem anderen Ladeplatz.

Das Großkraftwerk. – Unten: Oberhalb der Hansabrücke lagen am Bollwerk die Schiffe der Schlesischen Dampferkompagnie. Diesseits liegen die kleinen Schlepper bereit, ihre wichtigen Hilfsdienste zu leisten.

Der Isländer »Gullvoß« hat Heringe gebracht. Mit einigem Geschirr löscht der Seedampfer am Sellhausbollwerk die salzige Fracht. Der Hafenarbeiter bereitet die Probe für den Makler und Großhändler.

Links oben: Die Paddler haben ihren großen Tag: Anpaddeln stromauf. Die ersten haben die Eisenbahnbrücke erreicht. – Unten: Gemüsegroßmarkt am Schwedter Ufer. Die Dampfer der Greifenhagener Dampfschiffahrt schleppen die wichtigen Vitamine aus den Oderdörfern heran.
Rechts oben: Der Bahnhof; seit langem viel zu klein für den großen Verkehr, aber eingekeilt zwischen Berg und Strom, war er hier nicht entwicklungsfähig.
Mitte: Durchgang zum Bahnhof an der Eisenbahnbrücke. – Unten: Der Marktplatz an der Grünen Schanze mit dem neuen Rathaus, dem Verwaltungsgebäude, der Jakobikirche, der Schneckentorkaserne.

Die Rathaustreppe

Der Manzelbrunnen. Die »Sedina« (= Stettin) auf dem Rücken des Greifenbootes, sicher geführt von dem Gotte Merkur. Ein Werk des Professors Manzel. 1898 entstanden. Trotz seiner heute viele nicht mehr ansprechenden gründerzeithaften Allegorik ein sehr beliebtes Symbol für die Stettiner. Unten: Blick von der Rathaustreppe auf die Eisenbahnbrücke. Links: Der Rundgiebel des Hauptpostamtes.

Das neue Rathaus, ein 1878 fertiggestellter gotisierender Backsteinbau, wirkte von der Rückfront über die Grünfläche des Viktoriaplatzes hinweg fast schöner, als von der Hauptfront zum Rathausplatz. Das Luftbild (unten) zeigt den Rathausplatz mit dem Manzelbrunnen, der Grünen Schanze, der Stadtbibliothek, der Synagoge, jene etwas zerrissene, uneinheitliche, aber doch eindrucksvolle Anlage, die den Fremden empfing, wenn er, vom Bahnhof kommend, in die Stadt hinaufging. – Rechts: Die Breite Straße war die Hauptgeschäftsstraße der Stadt mit Kauf- und Warenhäusern und eng aufgereihten Spezialgeschäften. Etwas abseits von ihr ragt der mächtige Turm der Jakobikirche empor, mit 119 m Höhe der dritthöchste Deutschlands.

Von der Lindenstraße aus blickt man hier die Grüne Schanze hinunter, und von den Kolonnaden der oberen Breiten Straße aus in die Breite Straße hinein. – Rechts: Das Berliner Tor, das 1725 Friedrich Wilhelm I. der Stadt stiftete, als Denkmal für die rechtmäßige Erwerbung der Stadt und des Teiles der Provinz zwischen Oder und Peene durch Preußen von den Schweden »für den gerechten Preis«. (... justo pretio ...) Über der Inschrift ein allegorisches Relief: Die Oder, vom Altvatergebirge ausströmend.

Oben: Der Paradeplatz, eine auf dem früheren Festungsgürtel angelegte Prachtstraße, deren rechte Seite sich zur eleganten Ladenstraße entwickelt hatte und zugleich der »Bummel« der schaulustigen Stettiner war. – Mitte: Oberpostdirektion und Generallandschaft am Paradeplatz. – Unten: Blick in die Bismarckstraße; im Vordergrund die Großgaststätte Ponath, ein Eldorado der tanzlustigen Jugend und – der Billardspieler.

Oben: Berliner Tor, Stadtseite. – Rechts: Das Grab des Generalfeldmarschalls Graf von Wrangel. »Papa Wrangel« war 1784 in Stettin geboren. – Unten: Die 1908 vollendete Bugenhagenkirche, benannt nach dem Gehilfen Luthers, dem Organisator der evangelischen Kirche Johannes Bugenhagen, geboren zu Wollin in Pommern 1485.

Blick vom Paradeplatz zur Lindenstraße. – Mitte: Der Hohenzollernplatz mit Bugenhagen- und Garnisonkirche, für damalige Zeit ein gewagter und viel umstrittener Kirchenneubau aus Beton (1913–1915).

Das Kaiser-Wilhelm-Denkmal schloss den Paradeplatz nach Norden zu ab. Auch in regenfeuchter Nacht wirkte diese Platzanlage eindrucksvoll. – Oben rechts: Kopf der Marmorstatue Friedrichs des Großen von Schadow (1793). Das Original stand im Provinzialmuseum, eine Bronzenachbildung am Königsplatz. Das älteste, dem König errichtete Denkmal. Es galt als besonders ausdrucksvoll und porträtähnlich.

BANK
Büromaschinen O. Lüdtke

Der Königsplatz setzte rechtwinklig den Straßenzug des Paradeplatzes fort. Der Neubau der Stadtsparkasse fügte sich dieser breiten Schmuckstraße wirkungsvoll ein (links oben), an deren anderer Seite das alte 1726/27 von Walrave erbaute Landeshaus lag (rechts oben), das jetzt als Provinzialmuseum eingerichtet war. Unten: Das Königstor, wie das Berliner Tor eine Stiftung des preußischen Königs Friedrich Wilhelm I., öffnete seine schmiedeeisernen Flügel zu der Prachtstraße am Königstor, die dem Konzerthaus den repräsentativen Rahmen gab und an der »Gabelung« die beiden früheren Ausfallstraßen nach Pölitz und Grabow entließ, während ihr schöner Grünschmuck in den herrlichen Baumbestand der sogenannten »Grabower Anlagen« überging, jenes alten Friedhofes, der jetzt als weitläufige Parkanlage dem lebenden Geschlechte zu Erfrischung und Erholung diente.

In den »Anlagen« lag das Parkhaus, eine beliebte Gaststätte mitten im Grünen. Der aufmerksame Spaziergänger fand hier und da unter den gewaltigen Blumen interessante alte Grabstätten, wie die beiden unten abgebildeten. Nicht weit davon, über die Birkenallee hinweg, lag die alte Liedertafel (Mitte), im Volksmund »Prinzess-Schloss«, genannt, weil hier, in der ehemaligen »Pädagogienmühle«, die 1769 nach Stettin verbannte Prinzessin Elisabeth, geschiedene Gemahlin Friedrich Wilhelm II., von 1810 bis zu ihrem Tode (1840) lebte.

Ein schöner Platz öffnete sich hinter dem Städt. Museum: der Skagerrakplatz, auf den das Reiterdenkmal Kaiser Friedrichs blickte.
In der Schlutowstraße lag der schlichte Neubau des Marienstiftsgynmasiums, dessen klassische Tradition nur durch das Säulenportal sparsam angedeutet war. Im Hintergrund der Turm der Schlosskirche.
Ein schöner Blick von einem hochgelegenen Balkon aus: rechts das Polizeipräsidium, geradeaus die kleine Peter-Paul-Kirche, und dahinter der mächtige Bau der Jakobikirche.

Jahrhunderte hindurch hat die Stettiner Kaufmannschaft ein Theater unterhalten, für das sie 1849 das später in städtischen Besitz übergegangene Stadttheater errichtete. – Unten links: Die Peter-Paul-Kirche war das älteste pommersche Gotteshaus, 1124 von Otto von Bamberg gegründet. In seiner heutigen Gestalt ging es etwa auf die Jahre nach 1677 zurück. – Unten rechts: Blick durch die Kleine Domstraße, eine der wichtigsten Geschäftsstraßen im Zentrum der Stadt.

Die Jakobikirche von Südosten. Mit dem Bau wurde 1187 begonnen. Baureste aus dem 13. Jahrhundert sind in der heutigen backsteingotischen Hallenkirche noch feststellbar gewesen. Turmhöhe: 119 Meter.

Mächtig ragten Dach, Dachreiter und Turm über das Häusermeer der Stadt hinaus. Ein herrlicher Anblick, wenn das Rot des Backsteins, das Weiß der Blenden und das Grün des Kupferdaches weithin in der Sonne funkelten. – Blick in den Chor mit dem Barock-Hochaltar. Die Innenausstattung war einheitlich nach der Zerstörung 1677 geschaffen worden. Sie fügte in selten glücklicher Weise ihren barocken Stil in das gotische Bauwerk ein. – Unten: Das Loewe-Denkmal vor der Kirche. Der Komponist Carl Loewe war von 1820 bis 1866 Organist an der Jakobikirche, städtischer Musikdirektor und

Musiklehrer am Gymnasium. An die Orgel zu St. Jakobi hat Arp Schnitger, der Hamburger Orgelbaumeister, die letzte Hand angelegt, nachdem der ursprünglich beauftragte Meister vor Vollendung der Orgel gestorben war. Sie ist sein östlichstes Werk. – Carl Loewe spielte diese Orgel sechsundvierzig Jahre hindurch. In einem Pfeiler neben der Orgel – Bild oben rechts – ist gemäß seinem letzten Willen sein Herz eingemauert worden. – Oben links: Der bemerkenswerte schöne Orgelprospekt. – Unten: Der Spieltisch der Orgel.

Der Brunnen auf dem Rossmarkt. »Ein Adler spielt hier mit tausend Wasserbällen«, – so sang ein Stettiner Poet anno 1732, als dieses »lebendige Springwasser«, ein Geschenk des preußischen Königs, zum ersten Mal das von der »Kickermühle« bei Warrow herangeführte Frischwasser spielen ließ. – Oben rechts: Straßenbild vom Kohlmarkt. – Unten: Die Börse, nach Schinkels Entwürfen erbaut (1832 bis 1836).

Das Alte Rathaus am Heumarkt. Einst ein feingliedriger gotischer Zierbau, von Reisenden weithin gerühmt. Später mit nüchterner Fassade versehen, unter deren Putz die prächtige Gotik der Auferstehung harrte. Der heutige Umfang etwa aus dem 15. Jahrhundert. Im Keller – noch im vorigen Jahrhundert als Ratsweinkeller benutzt – zwölf wundervolle Sterngewölbe auf dicken Pfeilern, zum Teil verschüttet.

Röntopp's
Leihhaus

Links: Der Loitzenhof, einst freistehend als ein prächtiger Palast des Loitzengeschlechts, Repräsentanz frühkapitalistischen Unternehmerreichtums (etwa 1540) – Rechts: Das neue Landeshaus an der Quistorpaue, Sitz der Provinzialverwaltung. Repräsentanz des modernen, aufgeschlossenen Geistes der pommerschen Hauptstadt. – Oben: Der Ehrenhof an der Kaiser-Wilhelm-Straße. – Unten: Die Rückfront zur Quistorpaue.

Vorige Seite: Das ist der Schauplatz städtischen Lebens seit 800 Jahren, das Werk bürgerlichen Fleißes und die Wiege des Glückes vieler hunderttausend Menschen. Als Lebensadern sind der Lauf des Stromes nach Nord und Süd und die Schienen- und Straßenzüge nach Ost, West und Süd deutlich erkennbar.

Oben links: »Werkschule für gestaltende Arbeit« nannte sich die den Zielen der Neuzeit dienende Städtische Kunstgewerbe- und Handwerkerschule. – Rechts: Dunzigkai und Baumbrücke. – Unten links: Getreidespeicher (43 000 t). Rechts. Getreideumschlag mit schwimmenden Elevatoren vom Oderkahn in das Seeschiff.

Das ständig zunehmend
Volumen des Hafenum
schlages verlangte ein
ständige Verbesserun
und Erweiterung d
Hafenanlagen. D
sechsgeschossige Schu
penspeicher mit 40 00
Quadratmeter Ladefl
che und 65 000 t Aufna
mefähigkeit suchte i
ganz Europa seinesgle
chen (links oben und u
ten, rechts oben). Auf d
Dach montierte Verlad
brücken, Kaikräne, Au
züge, Sackrutschen i
Verein mit fünf Anfah
gleisen ermöglichten r
schen Umschlag u
Einlagerung. Rechts u
ten: Auf gleicher Stu
modernster Technik sta
der Massengutumschl
in Reiherwerderhafe
wo 5 Erzverladebrück
und ein Kohlenkipp
den Verkehr bewältigte
Mitte links: Blick in ein
der Freihafenbecken.

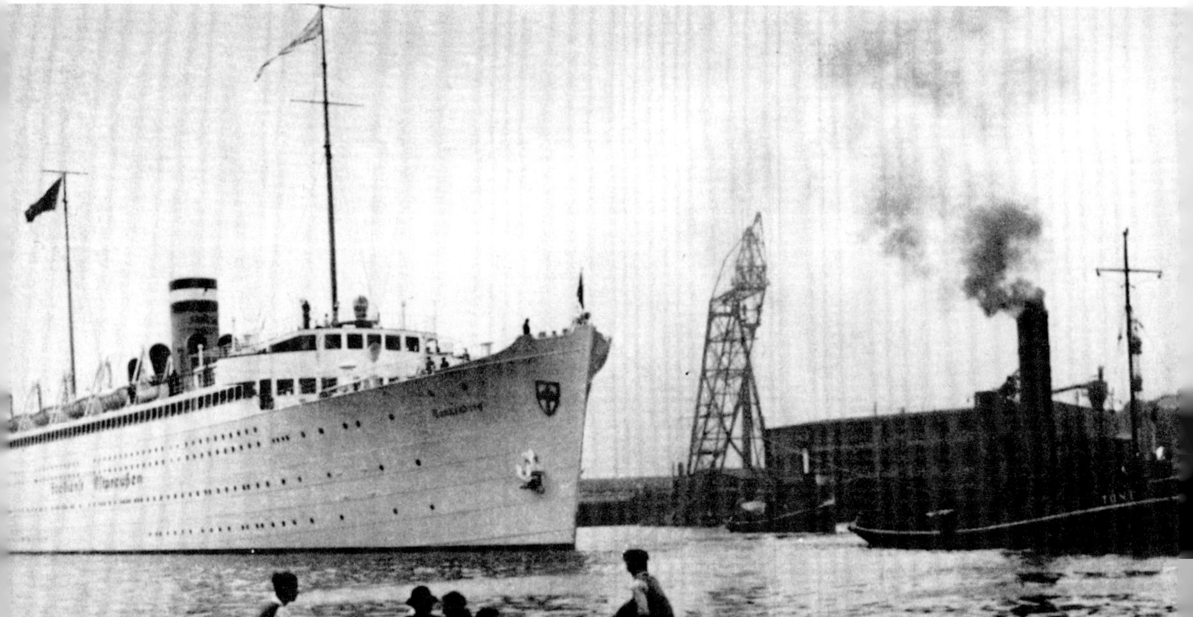

Weit ins Wiesengelände des Odertales schoben sich die Hafenanlagen hinein. Gesamtblick auf den Reiherwerderhafen. Die Segelboote vorne warten geduldig auf den Feierabend. – Unten: Die »Tannenberg«, die unter der Flagge der HAPAG im Seedienst Ostpreußen fuhr, verlässt die Werft zur Probefahrt.

Die brave alte Hanni vor dem Grabower Freistaden. Generationen schon fuhren mit ihr die Oder hinunter nach Frauendorf und Gotzlow, um dort am Wasser sitzend die Schiffahrt zu beobachten.
Industriegelände oderabwärts. Man erkennt Portland-Zement-Fabrik, Gollnow und Sohn, Stettiner Ölwerke.

Die Feldmühle, die gewaltige Papierfabrik, das Hauptwerk des weitverbreiteten Konzerns, in Stettin-Odermünde. Ganze finnische Wälder lagen reihenweise aufgestapelt als Papierholz bereit, um von modernsten Maschinen zerfetzt, zerpflückt, zerlaugt zu werden, bis sie schließlich als Zellulose, als Packpapier, als Zeitungspapier auf riesigen Rollen gewickelt das Werk in alle Welt hinaus verließen. – Die Stettiner Industrie würde einen eigenen Bildband füllen, so vielseitig hatte sie sich in den letzten Jahrzehnten entwickelt. Am Ufer des alten Oderstromes, anschließend an die Ober- und Unterwiek, reihte sich Werkplatz an Werkplatz. Holzhöfe wechselten ab mit Werften, Zementfabriken mit Ölmühlen und chemischen Fabriken. Längst waren auch die Ufer der Nebenarme – des Dunzig, der Parnitz – erschlossen, und neue Durchstiche führten zu neuem Industriegelände in der Nähe der Altdammer Straße und des Schienenweges durch das breite Odertal. Hier schlummerten weitere große Möglichkeiten, wie sie kaum eine Hafenstadt an der Ostsee zu bieten hatte. Die kriegswichtigen Werke schoben sich bis in die Wälder hinein: die Pommerschen Motorenwerke bis in die Arnimswalder Heide und die Hydrierwerke bis nach Pölitz den Strom hinunter.

Der Bismarckturm grüßt in wuchtiger Gedrungenheit vom hohen Waldufer bei Gotzlow die ein- und auslaufenden Schiffe. Er bot herrliche Aussicht und lohnenden Weitblick über den Fluß und das Odertal.

Links oben: Zu Füßen des Bismarckturmes der Stettiner Jachtklub. – Unten: Die zuletzt eingemeindete kleine Stadt Altdamm lag reizvoll am Dammschen See. Sie war der jenseitige Brückenkopf an dem alten Damm, den die Stettiner schon 1346 anlegten. – Rechts: Die Buchheide, jenes kleine Waldgebirge östlich der Oder, war so recht der Gesundbrunnen der Stettiner. Dort holte man die Lungen sonntags wieder so tief voll würziger Waldluft, wenn die Woche herum war. Hier: Oberförsterei Podejuch.

Blick vom Rande der Buchheide über das Odertal, – oben: bei Podejuch, unten: bei Finkenwalde.

Auch im Nordwesten dehnten sich weite Wälder hin, die auch zur Winterszeit bequem zu erwandern waren. Der Wussower Förster war ein beliebtes Wanderziel, um beim Grog dem Frost ein Schnippchen zu schlagen.

Die Stettiner liebten den Sport. Die vielen Sportplätze, Hallen, Bootshäuser zeugten davon. Die Rühl-Kampfbahn war eine weithin beachtete Schöpfung. – Oben: Radrennbahn an der Falkenwalder Chaussee. – Unten: Die Turnhalle in der Grünstraße beim Schauturnen des Stettiner Turnvereins »Korporation«.

Der Westendsee im Quistorpark bot seine Schönheit dem Spaziergänger wenige Minuten von den belebtesten Straßenzügen zur Einladung dar. Am Rande des Parks lag die Landesfrauenklinik, hochmodern von Baurat Viering in bunten Klinkern erbaut und von Professor Stephan ärztlich-hygienisch eingerichtet.

Überall suchten und fanden die Stettiner Badegelegenheiten. Der Martinsee war ein wenig flach, aber leicht erreichbar. Dafür war der Glambecksee unergründlich tief – ein Dorf soll dort einst versunken sein – und bot Schwimmern jede sportliche und romantische Gelegenheit zur Messung der Kräfte.
Vom Quistorpturm aus blickte man weit über die Wälder und die Stadt – die Stettiner liebten den Weitblick! –, und in den »Sieben Bachmühlen« hielt man manche durstige Einkehr nach ermüdender Wanderung.

Mit Skiern und Schlitten fuhr man mit der Linie 3 an diese schöne Stelle, wo der Eckenburger Wald sein Winterparadies öffnete. – Unten: Portalbau des als Parkfriedhof angelegten Hauptfriedhofs.

Hauptfriedhof, die alte und die neue Kapelle. Stilwechsel – Generationswechsel! Und doch die gleiche Ehrfurcht: die Stätte des Friedens würdig zu gestalten, war den Stettinern von jeher ein Bedürfnis.

Swinemünde gehörte gleichsam noch zu Stettin, wenigstens in den heißen Sommermonaten. Der herrliche breite weiße Strand war so recht etwas für die Stettiner Wasserratten, und das Kurleben lockte den stets ein wenig neugierigen und schaulustigen Großstädter nicht minder. Auch als Stadt hatte Swinemünde seine Reize. Und die Hafenausfahrt mit Leuchtturm und Molen war, zumal bei stürmischer See, immer wieder ein unvergessliches Erlebnis.

Ein Katzensprung war es dann noch bis Misdroy auf der Insel Wollin, dem Badeort hart am Rande jenes Paradiesgärtleins, das unter dem prosaischen Namen »Kaffeeberg« die waldgekrönte Steilküste der Insel bis hin zum sagenumwobenen Jordansee bescheiden verbarg. – Ahlbeck auf Usedom schloss sich an Swinemünde fast unmittelbar an, und Heringsdorf mit seiner großen Seebrücke war mit dem Stettiner Dampfer immer noch ganz bequem über Sonntag zu erreichen.

Die Krönung dessen, was die Stettiner noch zu sich zählten, war auf der Insel Usdom Bansin mit Strand und Berg und Wald und vielen Seen binnenwärts. Und ganz Verwegene nahmen auch die rügensche Kreideküste noch für sich in Anspruch, die Insel, die der Schöpfer in seiner glücklichsten Stunde werden ließ.

Die Aufnahmen im Teilband »Königsberg«:
Evamaria Blume: Seite 70 oben. – Deutsches Auslandsinstitut: Seite 32; Seite 74 oben. – Foto Marburg: Seite 18 unten rechts; Seite 23 oben; Seite 38 (Löbenichtsche Kirche); Seite 55 unten. – Ruth Hallensleben: Seite 24; Seite 25; Seite 26; Seite 27 oben und unten; Seite 29; Seite 31 oben; Seite 69 (Der Hafen); Seite 75; Seite 78. – Hollaender: Seite 9; Seite 21; Seite 46 (Burgkirche); Seite 65 (Juditter Kirche). – Hans Hartz: Titelbild. – Hans Jammernegg: Seite 20 (Kneiphof). – Paul W. John: Seite 22 unten rechts; Seite 48 oben. – Hans Kenner: Seite 31 unten. – Hubert Koch: Seite 11 oben; Seite 12 oben; Seite 30 unten; Seite 74 unten; Seite 79. – Foto Krauskopf: Seite 61 oben. – Kühlewindt: Seite 22 oben links; Seite 60 (Tiergarten) oben und unten. – Archiv Landsmannschaft Ostpreußen: Seite 11 unten; Seite 12 unten; Seite 13 oben und unten; Seite 15 unten; Seite 16 (Dom); Seite 17 oben; Seite 23 unten; Seite 37 oben; Seite 47 unten; Seite 52 oben und unten; Seite 53 (Kant); Seite 58 unten; Seite 59 unten; Seite 71 oben. – Max Löhrich: Seite 45 unten. – Mauritius: Seite 72 oben; Seite 76. – Walter Raschdorff: Seite 71 unten. – Eva Rudolph: Seite 19 oben rechts, unten links und unten rechts; Seite 55 oben; Seite 66 unten. – Theo Rudolph: Seite 18 oben rechts und links, unten links; Seite 19 oben links; Seite 22 oben rechts, unten links; Seite 28 = 7 Fotos; Seite 40 oben; Seite 41 oben; Seite 42 oben; Seite 43 oben und unten; Seite 47 oben; Seite 67 unten. – Horst Sack: Seite 72 unten; Seite 73. – A. O. Schmidt: Seite 77 oben und unten. – Schöning & Co.: Seite 14 oben; Seite 30 oben; Seite 37 unten; Seite 40 unten; Seite 41 unten (Der neue Markt); Seite 44 oben und unten; Seite 45 oben; Seite 48 Mitte und unten; Seite 49 oben, Mitte und unten, Seite 50 oben und unten; Seite 51 unten; Seite 54 oben, Mitte und unten; Seite 56 oben und unten; Seite 57 oben und unten; Seite 58 oben; Seite 59 oben und Mitte; Seite 61 unten; Seite 62 oben, Mitte und unten; Seite 63 oben, Mitte und unten; Seite 64 unten; Seite 68 oben (Hauptbahnhof), Mitte und unten; Seite 70 unten. – Otto Stork: Seite 10 oben. – Teucke: Seite 15 oben; Seite 35 unten; Seite 39; Seite 42 unten, Seite 66 oben (Zschocksche Stift); Seite 67 oben. – Lotte Zangemeister: Seite 33 oben und unten (Fischmarkt); Seite 34 oben und unten; Seite 35 oben; Seite 36 = 4 Fotos, Seite 51 oben.
Aus technischen Gründen können auf den Bildseiten die Seitenzahlen nicht angegeben werden. Die Einleitung umfaßt die Seiten 5 bis 8, die geschlossene Bildfolge beginnt mit der Seite 9. Die in diesem Bildband veröffentlichten Aufnahmen wurden sämtlich vor der Zerstörung und vor der Vertreibung gemacht. Als Anhaltspunkte sind in den vorstehenden Zeilen hinter den Seitenzahlen teilweise die Bildbeschreibungen angegeben.

Die Aufnahmen im Teilband »Danzig«:
(Die Nummern beziehen sich auf die Reihenfolge der Bilder)
Bavaria-Verlag: Nr. 92, 143 – Erwin Bittner: Nr. 120 – DAI-Bildarchiv: Nr. 6, 7, 8, 25, 40, 47, 81, 99, 109, 119 – Deutscher Kunstverlag: Nr. 9, 10, 15, 16, 20, 21, 27, 52, 53, 57, 58 (Die "Schöne Madonna", Seite 40), 60, 68, 117, 129, 130 – Professor Dr. Drost: Nr. 26, 56, 77, 134 – Foto Marburg: Nr. 11, 13, 14, 23, 36, 42, 50, 51, 54, 59, 62, 63, 65, 66, 74, 75, 78, 79, 80, 83, 90, 131, 133 – Hans Gelderblom: Nr. 30, Ruth Hallensleben: Nr. 34, 35, 38, 45, 91, 106, 136, 139 (Windschöpfwerk in Schöneberg, Seite 76) – Paul W. John: Nr. 18 (Der Langemarkt, Seite 22), 32, 33, 48, 103, 104, 105 – Hubert Koch: Nr. 64 – Max Löhrich: Nr. 61, 94 – Dr. Hans Bernhard Meyer: Nr. 19, 46, 100, 137, 138, 140, 141, 142 – Margot Noske: Nr. 67, 76 – Plan und Karte: Nr. 72, 88, 93, 121, 125, 126, 127, 128 – Süddeutscher Verlag: Nr. 3 (Der Stockturm, Seite 13), 24, 97 – Schöning & Co.: Nr. 5, 43, 71, 73, 82, 95, 114, 115, 116 – Walter Schröder: Nr. 39, 118, 132 – Marion Schweitzer-Hecht: Nr. 124 (Portal der Technischen Hochschule, Seite 68) – Horst Strehlke: Nr. 87, 135 – Ullstein: Nr. 2, 12, 17, 28, 29, 37, 41, 49, 55, 70, 84, 85, 96, 98, 101, 110, 111, 112, 113, 122, 123 – Wolff & Tritschler: Nr. 1, 4, 22, 31, 44 („Am brausenden Wasser", Seite 34), 69, 86 (Blick vom Turm der Katharinenkirche, Seite 51), 89, 102, 107 (Zoppot, Strandkörbe vor dem Kasino-Hotel, Seite Nr. 60), 108, 144.
Aus technischen Gründen können auf den Bildseiten die Seitenzahlen nicht angegeben werden. Als Anhaltspunkte sind in den vorstehenden Zeilen hinter den Bildnummern verschiedentlich die Seitenzahlen angegeben. Dieses Ver¬zeichnis befindet sich auf der Seite 80, der Text der Einleitung endet auf der Seite 12.

Die Aufnahmen im Teilband »Stettin«:
(Die Nummern beziehen sich auf die Reihenfolge der Bilder)
Bavaria-Verlag: Nr. 2, 102 – Alfred Block: Nr. 16 (Seite 19, oben, Blick auf den Dammschen See), 20, 24, 67, 75, 134 – Fritz Böhlke: Nr. 98 – Deutscher Kunstverlag: Nr. 4, 6, 12, 74, 94 – Leopold Ewald: Nr. 41 – Paul Gibbat: Nr. 1, 126 – Hans Hartz: Titelbild, Nr. 3, 9, 14, 18, 31, 39, 54, 65, 69, 70, 73, 76, 86, 90 (Seite 49, Jakobikirche), 103, 107, 109, 111, 118, 136, 137, 138, 139, 142 – Gebr. Herzberg: Nr. 128 – Jahnke: Nr. 23 (Seite 21, unten, Kreuzer "Karlsruhe") – Paul W. John: Nr. 27, 46, 114, 143 – Leo Kämmerer: Nr. 51 – Hugo Krause: Nr. 13, 19, 21, 22, 28, 29, 36, 37, 44, 47, 49, 50, 53, 55, 58, 62, 78, 79, 82, 84, 85, 95, 116, 117, 123, 124, 131, 133 – Max Löhrich: Nr. 100, 101 – Walter Petersen: Nr. 11, 25, 68 – Plan und Karte: Nr. 26, 42, 45 (Seite 30, oben, das Großkraftwerk), 59, 105, 119 (Seite 64, die Feldmühle), 121, 122, 127, (Seite 70, oben, Radrennbahn), 132, 140, 144 – Archiv Pommersche Zeitung: Nr. 88, 93 – L. Ritter: Nr. 57, 125 – Margot Röpke: Nr. 113 – M. O. Roseck: Nr. 5, 10, 43 – Elisabeth Rollin: Nr. 34, 35, 81 – Schöning & Co.: Nr. 8, 30, 33, 38, 40, 52, 60, 61, 64, 66, 72, 77, 80, 87, 91, 92, 97, 99, 104, 106, 108, 110, 115, 120, 129, 130 – Walter Schröder: Nr. 63 (Seite 39, Das Berliner Tor), 146 – Katharina Schulz: Nr. 15, 56, 96 – Ullstein: 7, 17, 32, 71, 112, 135, 141 – D. Westphal: Nr. 89 – Wolff & Tritschler: Nr. 145 – Wolfgang Zechiel: Nr. 83